いつもココロに青空を。
青空はつながっている。

文・写真 高橋歩
Words & Photos by Ayumu Takahashi

Prologue

2008年11月23日。
俺たちは、自宅を引き払い、仕事も整理して、
家族4人で、世界一周の旅へ出発した。
旅の目的やテーマなど、難しいことはなにもない。
ただ、今回の人生を、おもいっきり楽しみたいだけだ。

妻のさやか、息子の海（うみ／6歳）、娘の空（そら／4歳）と共に、
世界を放浪した、この約2年間。

世界中の路上を走り、歩きまわりながら、
愛しあったり、ののしりあったり、
イラつきあったり、抱きしめあったりしながら。

おんぼろノートに書き殴ったメモ。
小さなデジカメで本能のままに撮った写真。
それらをまとめたら、この本が出来上がった。

ワンフレーズの言葉でも、1枚の写真でも、
あなたの心に響くものがあったら、嬉しい。

LET'S GO ON THE ROAD!

CONTENTS

目次

WORLD MAP 2008-2010
Majestic

Alaska
Canada
U.S.A.
Hawaii
Jamaica
Brazil
New Caledonia
Uruguay
Argentina
Chile
Antarctica
NORTHERN AND SOUTHERN
AUSTRALIA
OCEAN

いつもココロに青空を。

青空はつながっている。

進路は自由だ。
道は無限にあり、どこまでも続いている。

まずは、どっちに歩き始めようか？
進路を決めるのに、理由なんていらない。
ただ、胸の中のわくわくセンサーが指す方向へ。

未来のことは、歩きながら考えればいい。
大切なことは、歩き続けること。
そして、変わり続けること。

変化しないものに、進化はない。

1. HAWAII

*ハワイ

Oafu
Maui
Hawaii
Hawaii

出発当日。
この旅のスタートである、ハワイの島々へ。
これから始まる冒険に、胸が高鳴る。

でも、やっぱり。
8年間暮らした沖縄を離れるのは寂しかった。
歩き慣れた那覇空港のロビーなのに。
すべてがいつもと違う色、違う音に感じて、
なんだか胸がキューンとして痛かった。

いいことも嫌なことも、いっぱいいっぱいあって。
大好きで、大嫌いな沖縄。
愛すべきこの島は、一生、胸の中で唄い続けるんだろうな。

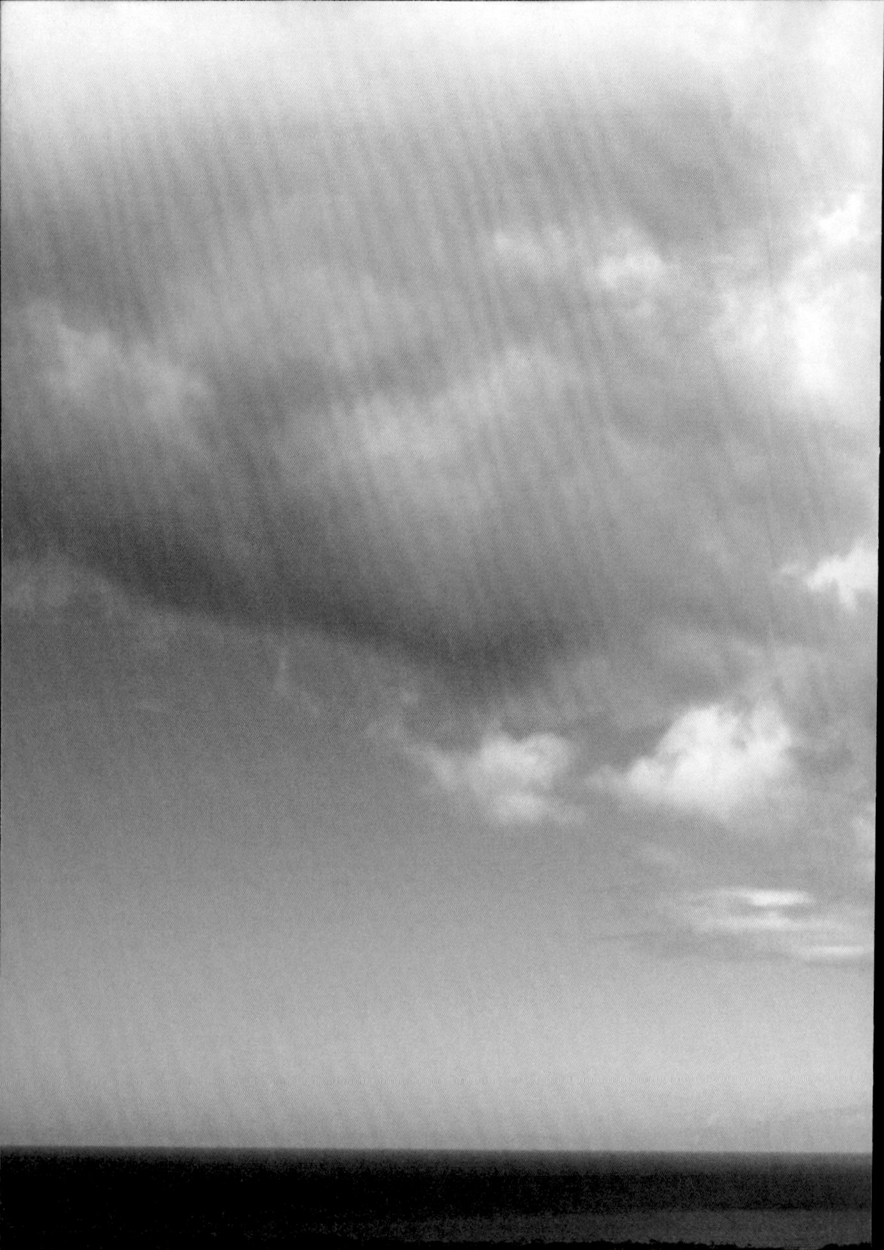

ハワイに到着。
ハワイは、やっぱり、優しくて、やわらかいね。
青くて、透きとおっていて、虹色で。

シンプルに、毎日、夕方に、このビーチを歩くだけで、
いつまでも、幸せに生きていけそうな気がしちゃう。
この島々の夕焼けと風は、それほど素晴らしい。

家族でゆっくりと世界中を旅しながら、一番住みたい場所を
みつけようね、って話していたのに…
いきなり、不動産屋に行っちゃいそうになってるよ。
ハワイの引力、おそるべし。

WATCH OUT

旅の日々が始まり、1週間。

携帯電話も持たず、PCのメールもたまにしか見ない生活。
それが新鮮でもあり、若干、落ち着かない感じもあり。

仕事については、旅をしながらでもハッピーに発展していけるように、最強のチームを組んできたつもりだけど、こればっかりは、始めてみないとわからない。

でも、根本的なことを言えばね。
俺自身は、いつどこで、無一文のプータローになったとしても、また、ゼロから、楽しい仲間を創り、楽しい仕事を創り、家族と一緒に幸せな毎日を創り上げていける自信は、常にある。
だから、気分はいつもフリーダム。

お金も、肩書きも、家や車も、
目に見えるものなんて、すべてなくなったとしても、
本当に大切なものは、すべて、この胸に残っているし。
必要ならば、また手に入れればいいだけの話だ。
そんなものより、大切なのは、今、ここにある胸のときめき。
このわくわくする気持ちに、まっすぐにライドしていきたい。

Si, Podemos..
Friendship
CUBA
HAWAII
FRIENDS
ALOHA
AMIGOS
Dave Seawater & Friends
undraiser for Cuba—Hawaii
with
Art Auction
Gabe DeSilva
Dancing
Rhythm Circle
MTI
Performed entirely by students
by ALAIN BOUBLIL and CLAUDE-MICHEL SCHÖN
"I dare...to fight
for peace and a
decent life for all
men women
and children"

壊すから、また新しく創れるんだろ？

CREATIVE DESTRUCTION!

創造的に破壊し続けようぜ。

旅は楽しい。
だが、面倒でもある。

妻のさやかは、俺にとって生きる源。
だが、最大の弱みでもある。

子供たちは、めちゃくちゃかわいい。
だけど、めちゃくちゃムカつく。
天使かと想えば、ときにはドス黒い悪魔にもなる。

もちろん、俺自身にしたって同じ。
なんだかんだと誉められることもあれば、
誰も知らないであろう、ずるさや弱さもいっぱい持っている。

すべての人、すべてのものにある陰陽。
フィルターをかけずに、そのまんまをまっすぐ受け入れて、
愛したい。愛されたい。

ポジティブでもなく、ネガティブでもなく、リアルにさ。

今日も、近くの丘で、のんびりとクジラを探しながら。
妻のさやかと、子育てトークに花が咲く。

世界一周って言っても、子供たちの学校はどうするの?
なんてことも、よく友達に聞かれたけど。
こいつらの人生を考えたら、数年くらい学校遅れたとしても、
世界一周したほうが絶対いいじゃんって、想ってさ。
本人たちに聞いてみたら、「学校よりも、やっぱり、旅かな!」
って言ってたので、サクっと決定。
うちの場合は、旅が学校。
ホームスクールならぬ、ジャーニースクールだ。

昔、俺自身がそうだったように、子供たちは、中学生にもなれば、自然に親から離れていくでしょ。
そう考えると、80年の人生の中で、家族みんなで一緒に過ごせる時間は、本当に限られている。
だから、この時期に、なるべく家族で一緒にいたいな、っていう気持ちも大きかった。

さすがに、うちの子たちが原始人になってもあれだから。
旅をしながら、読み書き計算くらいは教えておこうか、ってことで、計算ドリルと漢字ドリルは、密かに持ってきているけどね。公文、リスペクト。

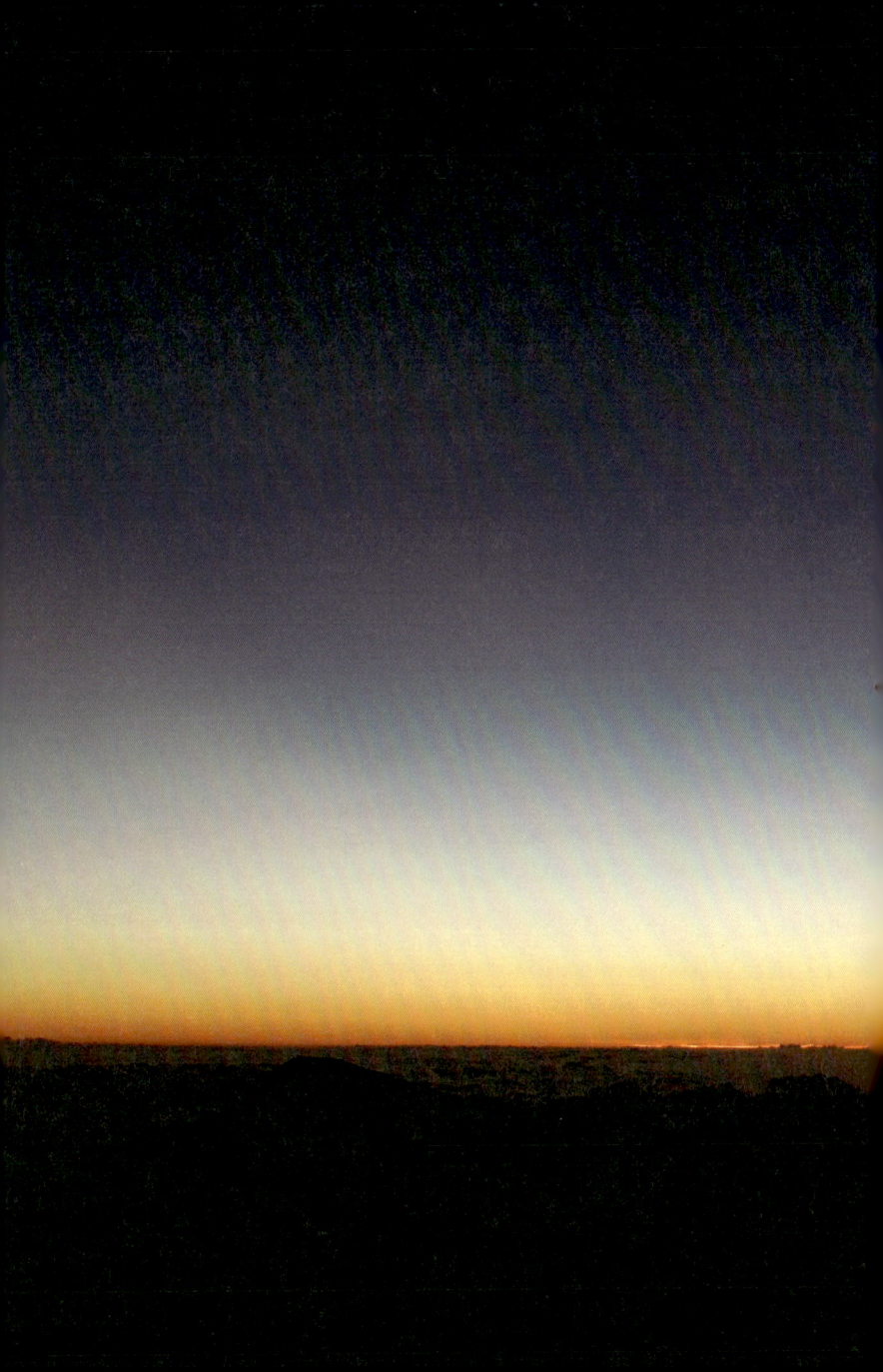

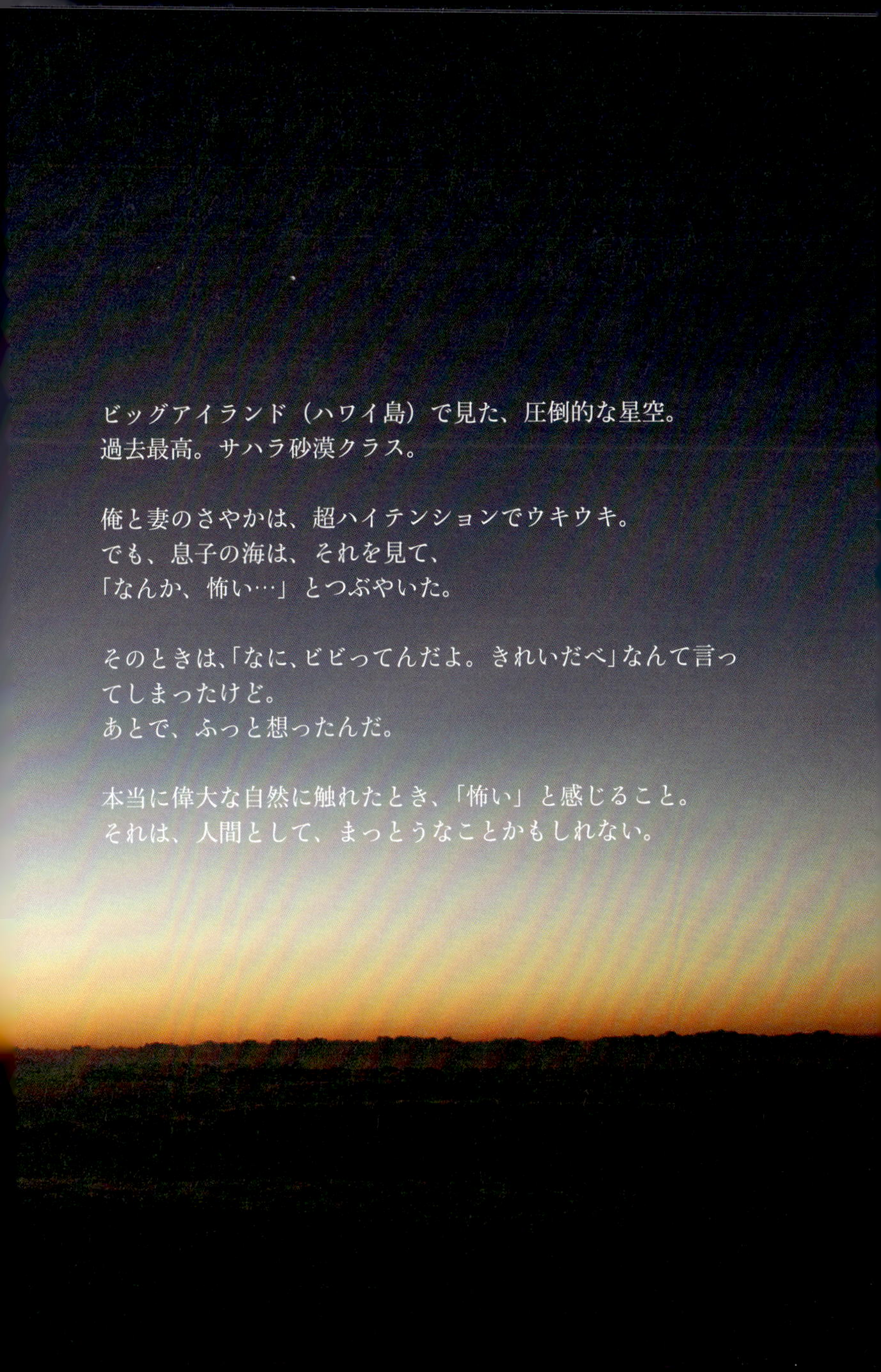

ビッグアイランド（ハワイ島）で見た、圧倒的な星空。
過去最高。サハラ砂漠クラス。

俺と妻のさやかは、超ハイテンションでウキウキ。
でも、息子の海は、それを見て、
「なんか、怖い…」とつぶやいた。

そのときは、「なに、ビビってんだよ。きれいだべ」なんて言ってしまったけど。
あとで、ふっと想ったんだ。

本当に偉大な自然に触れたとき、「怖い」と感じること。
それは、人間として、まっとうなことかもしれない。

子供に対しても、妻に対しても、仲間に対しても。

ああだ、こうだ、ああしてほしい、こうしてほしい。
俺は、そんなふうに、
自分の意見や欲求を伝えるばっかりだな。

これって、どう想う？
それは、なんでだろうね？
そうやって、相手の気持ちに寄り添いながら、
ゆっくりと一緒に考えていく余裕が足りない。

話と話が出会うと書いて、会話。
うん。そのとおり。すんません…

ある日の午後。
ホテルのテラスで、素晴らしい海を眺めながら。
なぜか始まった、自己反省タイムでした。

WARNING
STRONG
CURRENT

息子の海、娘の空。
こいつらは、ホント、いい顔で笑ってるなぁ。
子供の笑顔は、ウソをつかない。

こむずかしい大人の計算はいらない。
彼らの笑顔をコンパスに、どこまでもいこう。

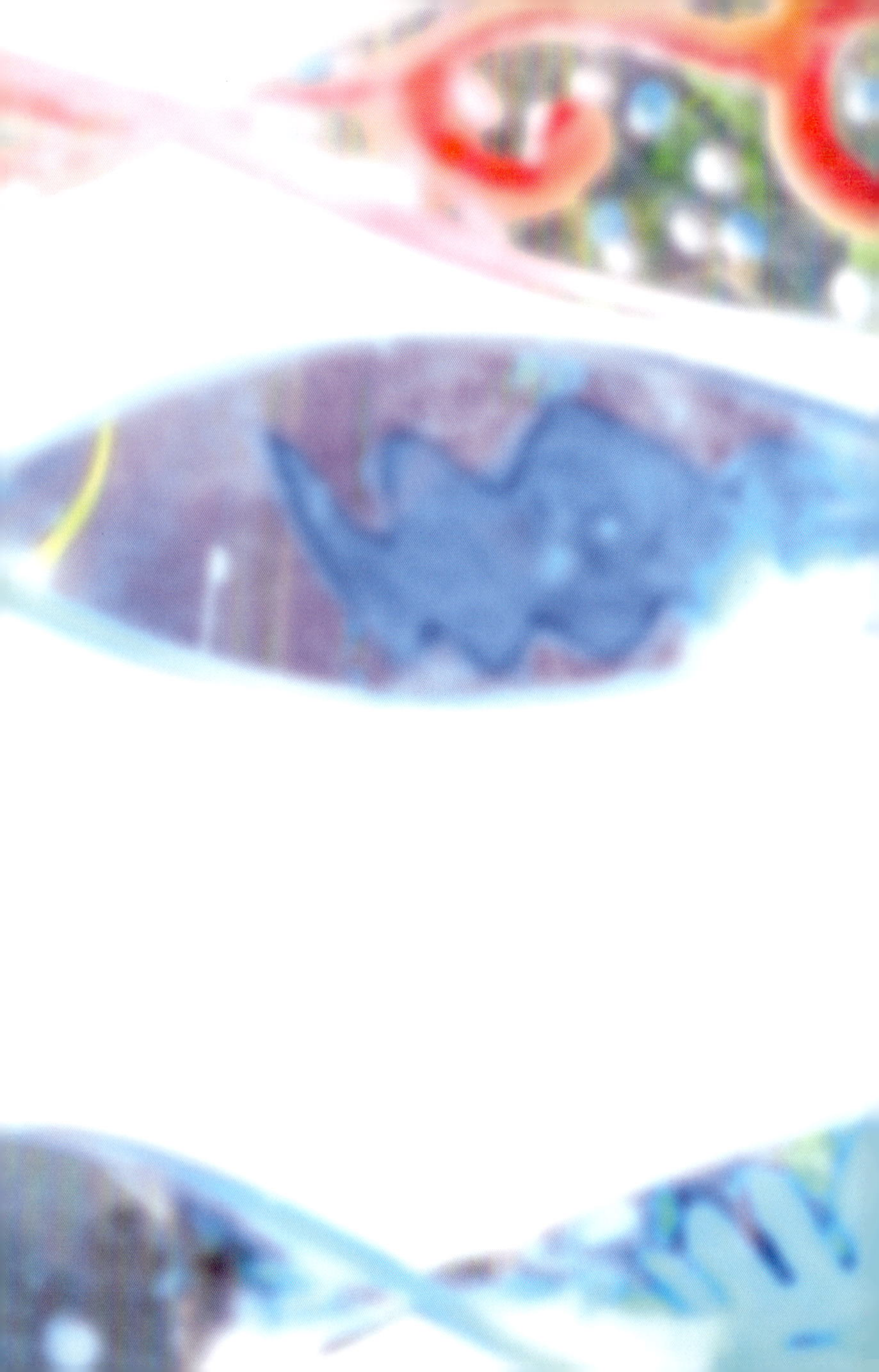

ビッグアイランドで、友人に子供たちを預け、
妻のさやかとふたりでデート。

あたりまえのことかもしれないが、
子供が生まれ、母になったさやかの中で、
あきらかに、幸せのカタチが変わっているのが分かる。

10年前に結婚し、ふたりのときに感じていた幸せのカタチ。
子供が生まれ、今、家族4人で見る幸せのカタチ。

人が感じる「幸せ」という感覚は、固体ではなく液体みたい。
日々、流れながら、新しく創り変えられていく。

これからも、ふたりで。
いっぱい話して、いっぱいケンカしながら、
互いの幸せ感覚の変化を、常に共有していくこと。
それが大切なんだろうな。

ちゃんとしなくていい。
普通じゃなくていい。
自然にしていれば、それでいい。

2. SOUTH AMERICA ANTARCTICA JAMAICA

*南米・南極・ジャマイカ

CUBA
BAHAMAS
Kingston
JAMAICA
BELIZE
DOMINICAN REPUBLIC
HAITI
HONDURAS
EL SALVADOR
NICARAGUA
COSTA RICA
PANAMA
TRINIDAD AND TOBAGO
VENEZUELA
COLOMBIA
GUYANA
ECUADOR
PERU
BRAZIL
BOLIVIA
PARAGUAY
Rio de Janeiro
CHILE
Buenos Aires
URUGUAY
Montevideo
ARGENTINA
Punta Arenas
Ushuaia

0:36
TO
CHANGE

ハワイから、空路、ブラジルのリオへ。
念願のリオのカーニバル！

世界最強のフェス、さすがだね。
百花繚乱。酒池肉林の宴。
シンプルで、カラフルで、ビューティフルで。
うちの子供たちも、肌で強烈なバイブレーションを感じ取ったみたいで、まったく寝る様子もなく、深夜まで興奮してハジケまくってた。

何万人という人々が、毎年、この瞬間のためだけに完全燃焼するカーニバル。
衣装からセットから、使い終わったらすべて捨てるんだって。
そのはかなさが美しくて、さらにしびれたね。
なんか、日本が誇る桜みたいだ。

この時期のリオは、カーニバル会場だけじゃなくて、コパカバーナ&イパネマのビーチ周辺でも、みんな狂ってハジけてるし、ダウンタウンのスラムでもすごいダンスイベントが目白押しだし、マジでアツかった！

こういう感じの刺激、久しぶりだ。
やっぱり、人生に、祭りは必要だね。

UMACE
ESCARREGO

普段の何気ない日常の中で。

困っている人がいたら、
さっと話しかけたり、救いの手を差し伸べたり。
なんか、そういうの、いいよね。

日本人のシャイな文化は、いいところもあるけど、
いざというときに、テレて何もしないのは、かっこわるいな。

そういう俺も、意外とテレちゃうほうで。
今日も、バスの中で、困っているおばあちゃんを助けようとしたんだけど、俺が一瞬、ためらっている間に、ロナウジーニョみたいな兄ちゃんに先を越されちゃった。

やばい！ 脱シャイ！でいこう。

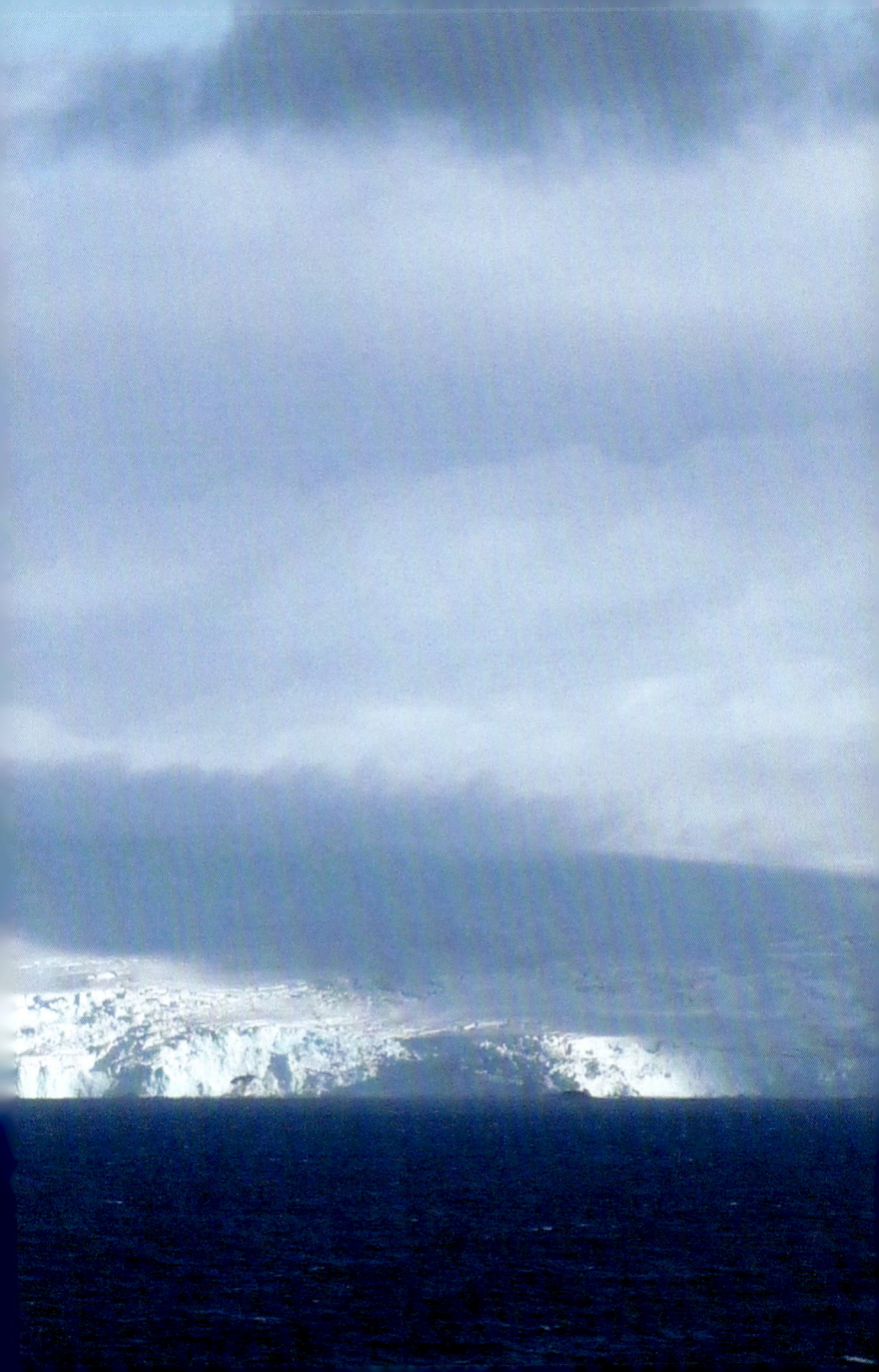

リオからPEACE BOATという船に乗って、南米大陸を南へ。
モンテビデオ(ウルグアイ)、ブエノスアイレス(アルゼンチン)、
ウシュアイア（チリ）を旅して、ドレーク海峡を越えたら…
いよいよ、南極海へ到着！

沖縄生まれで、まだ「雪」っていうものを見たことがないうちの子供たちに、人生初めての雪は南極で見せよう！ってことで、楽しみにしてたんだけど… やっぱり、面白かったね。

生まれて初めて、雪を見たふたりは、
なんと！ 口を開けて、降ってくる雪を必死に食べてた。
おまけに、雪ダルマまで食べちゃってるし…
おいおい！ 父ちゃん、ちゃんとメシ食わしてんだろ！って感じだったけど… ふたりとも、妙に一生懸命だったから、なんだか笑っちゃったよ。

南極海を、ゆっくりと航海する日々。

見たことのない青。見たことのない白。見たことのない透明。
まるで、どこか違う星に来たみたいだ。
今まで見た映像や写真には写っていなかった、この奥行き。
気を許すと、氷山に自分が飲み込まれそうな気がした。

地球の端っこで、すごい音を立てて氷河が崩れ、その下の海をクジラやシャチが泳ぎ、波ひとつない海面に、今日も、最強の朝陽が昇り、涙が出るほど美しい夕焼けが沈み…
今後、どこで何をしてても。
今も、同じ地球の上に、この海の向こうに、あんな世界が実在しているんだ…
そんなことを、ふっと思い出すときがあるんだろうな。

心の中に、いっぱい忘れられない風景があること。
そういう豊かさって、好きだな。

今回の南極周遊で、PEACE BOATという船に初めて乗った。
南極海に半円を描く大きな虹のアーチをくぐりながら、クジラと氷河とたくさんの笑顔に囲まれながらの船旅。

88歳のおばあちゃんから４歳のうちの娘まで、プータローから大社長まで、日本人もギリシャ人もメキシカンもロシア人も… 国籍も、年齢も、職業も、まったくバラバラな人々が、みんなでひとつの船に乗り、ぶつかりあい、混じりあいながら、自然と生まれているチャンプルーな空気が気持ちよかった。

船内で何度かトークライブをしたんだけど、トークを聞いた72歳のおじいちゃんが、キラキラした瞳で寄って来てくれて、「兄ちゃん、いい話だったぞ。オレもまだまだ人生終わっちゃいねぇんだ、って想ったよ。いつも、今、ここからだよな。オレも頑張るよ！」って言ってくれたときは、なんかあったかいものを交換できた気がして嬉しかったな。
妻のさやかなんて、船を下りるとき、ルーマニア人のお掃除おばさんとの別れで、互いに涙ぐんでたしね。

見も知らない人々が、ひとつの船の上で、それぞれの物語を重ね合わせながら。とにかく一致団結しよう！的な、うさん臭い感じではなく、それぞれが勝手に自分の色で光りながら、その結果、ひとつの輪が生まれていく…
この船に漂う、そんな空気が、俺は好きだったな。
ホント、虹みたいでさ。

旅をしていると、学ぶね。
笑って済ませることの重要さ、ってやつをさ。

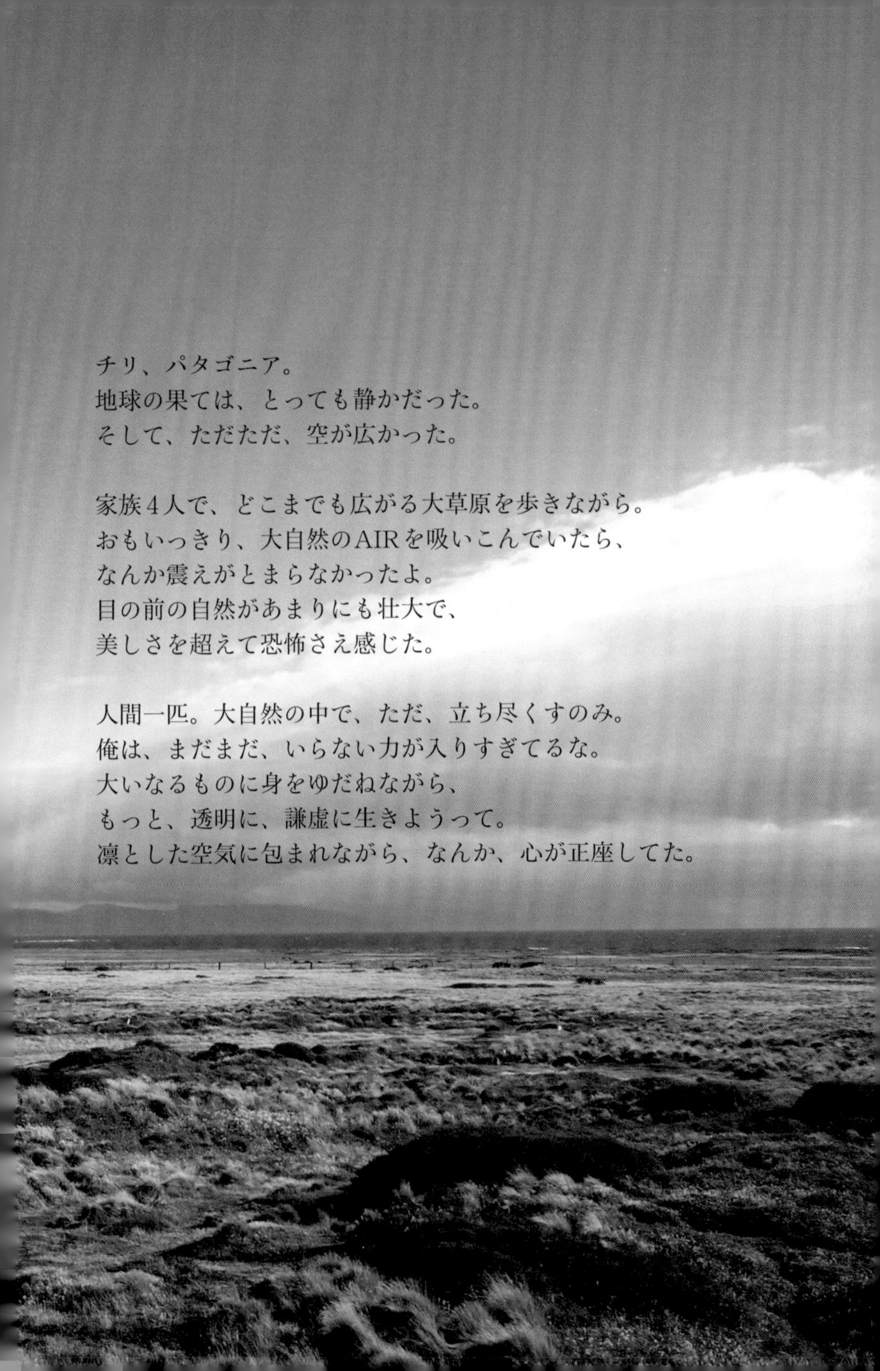

チリ、パタゴニア。
地球の果ては、とっても静かだった。
そして、ただただ、空が広かった。

家族４人で、どこまでも広がる大草原を歩きながら。
おもいっきり、大自然のAIRを吸いこんでいたら、
なんか震えがとまらなかったよ。
目の前の自然があまりにも壮大で、
美しさを超えて恐怖さえ感じた。

人間一匹。大自然の中で、ただ、立ち尽くすのみ。
俺は、まだまだ、いらない力が入りすぎてるな。
大いなるものに身をゆだねながら、
もっと、透明に、謙虚に生きようって。
凛とした空気に包まれながら、なんか、心が正座してた。

E
CON TARJETA
HOMENAJE DE LA CIUDAD DE PUNTA ARENAS A LA PREMIO NOBEL GABRIELA

10年ぶりに、世界一周。
今回の旅は、まだ、始まったばかりだけど、
「SUSHI」の浸透度には、驚くべきものがあるね。
南極のちょっと北、最果ての地と呼ばれるチリ・プンタアレナスの路上にさえ、普通に寿司屋があるし。

おもちゃ屋に行けば、ポケモン、ナルト、キティが溢れ、
ゲーム屋では、プレステ、Wii、DSがメイン商品。
道路を走れば、そこら中に日本車が走っているし、
海や湖でも、ボートのエンジンは日本製ばかり。
町外れのヒッピーの集まる本屋にも、北斎、村上春樹、奈良美智、村上隆、手塚治虫…

政府レベルでは、相変わらずだけど、
路上レベルでは、日本カルチャー、頑張ってるよな。
行こうぜ、ニッポン。俺も頑張る。

行きたい場所から、今夜の食事から、子育ての方針まで。
妻のさやかとケンカのオンパレード。

一緒に旅すると、本当によく分かる。
俺とさやかは、ほぼすべての価値観が異なるね。
もし、「価値観の不一致」で離婚するならば、520回くらい
離婚しないといけない感じ。

でも、大丈夫。
「今回の人生は、最後まで一緒に生きよう。」
その想いだけは、一致しているから。

今までも、これからも。
ふたりの価値観を重ねる必要はない。
ただ、ゆっくりと、人生を重ねていこうぜ。

南米、南極の旅を終えて、ジャマイカへ。

仲間と合流し、車で田舎を旅したり。
スラムの子供たちのために、音楽学校を創ったり。

ガキの頃から大好きだったボブ・マーリー。
彼を、レジェンドとして、偉人として、崇拝するのではなく。
身体で、肌で、全身で。
ただ、ひとりの男としてのボブ・マーリーを感じたい。
彼の持っている「核」の部分に触れたい。

そんな想いで、彼の故郷、ジャマイカを歩いていたら、
自由の歌が、いっぱい聞こえた。
SONG OF FREEDOM.

何か違うと想うならば、はっきり言おうぜ！
黙っているのは、賛成しているのと同じだ。

何か違うと想うならば、はっきり言おうぜ！
それが正しいか、正しくないかなんて、どうだっていい。

想っていることがあるならば、はっきり言おうぜ！
逃げずに、リングに立とうぜ！
すべては、そこから始まるんだろ？

首都キングストンの夜。
町外れのイカしたBARで開かれていたレゲエのライブ。
パトワ語で叫び続けるラスタマンたち。
さすがに、何を言っているのか、まったくわからなかったが、
俺には、ただ、ひたすら、
やつらが、こう叫んでいるように聴こえたんだ。

bob

ボブ・マーリーの生まれ故郷である小さな村、ナインマイル。

今は、ミュージアムになっている彼の生家を歩きながら。
ボブが少年時代を過ごした部屋で、彼の寝ていた小さなシングルベッドに寝てみた。
Talkin' Bluesで歌われた庭のロックストーンを枕に、青い空を見上げてみた。
ボブの遺体の眠る白い墓標に、静かにおでこを当ててみた。
遠くから聴こえてくる、弾き語りのRedemption Songが、やけに胸にしみる。

彼が少年の頃、いつも遊んでいたであろう庭に立ち、同じ視点で山から下を見下ろすと、昔のボブ・マーリーの母親のようなおばちゃんが、さとうきび畑で作業をしていた。そのすぐ横で、昔のボブ・マーリーのような少年が、犬と戯れていた。

彼自身も、歌詞で書いているように。
きっと、ボブ・マーリーは特別な人じゃない。
人間なんて、誰も、そんなに変わらない。
ただ、やるか、やらないか。
それだけの違いだ。

山の中を抜ける、気持ちのいい緑の風に吹かれながら。
そんな、あたりまえのことをかみしめていた。
ボブ、俺もやるぜ。

OFF

ジャマイカのミュージシャンであり、ラスタマン。
通称ジャー・マイク。

夜の街角で出逢い、気が合い、仲間と一緒に車で旅に出て。
狂ったように運転しながら、ずっとボブ・マーリーを歌いながら、共に寝泊りしながら、俺たちは、すごく楽しんで。

そして、最後の夜、港町オチョリオスで。
悲しいことに、あいつは俺の金を盗んだ。
俺が寝ている間に、こっそりと盗もうとして、俺に発見されて。
一瞬、キレた俺に怒鳴られた瞬間の、あいつの瞳。
おびえた子犬のような瞳が、今でも忘れられない。

ずっと一緒にいて、あいつは本当に愛すべきバカだったし、
あいつが歌うボブの歌は、本当に素晴らしかったけど。
あのときの彼の瞳の中には、ボブはいなかったな。
Hey, Men!　ラスタの心は、不滅なんじゃないのかい？

HUG THE ROOTS!
もういちど、原点をしっかり抱きしめよう。
目先の金より、もっと大切なことがあるだろ？

おまえも、俺も、お互いにな。

SMIRNOFF

ジャマイカを旅しながら、
たくさんの黒人の人々に出逢い、ヤーマン！と手を合わせながら、いつも、どこかで感じていたフィーリング。

「肌の色なんて関係ない。」
そう言うのは簡単だけど。
今回の人生、俺はイエローに生まれた。
だからこそ、出来ることがあると想う。

「人種なんて関係ない。」
そう言うのは簡単だけど。
今回の人生、俺は日本人に生まれた。
だからこそ、出来ることがあると想う。

そして、俺は、高橋歩に生まれた。
人間ひとりひとり、誰しも生まれもっての役割があるならば、
俺は、俺の役割を見つけ、それに没頭するだけだ。

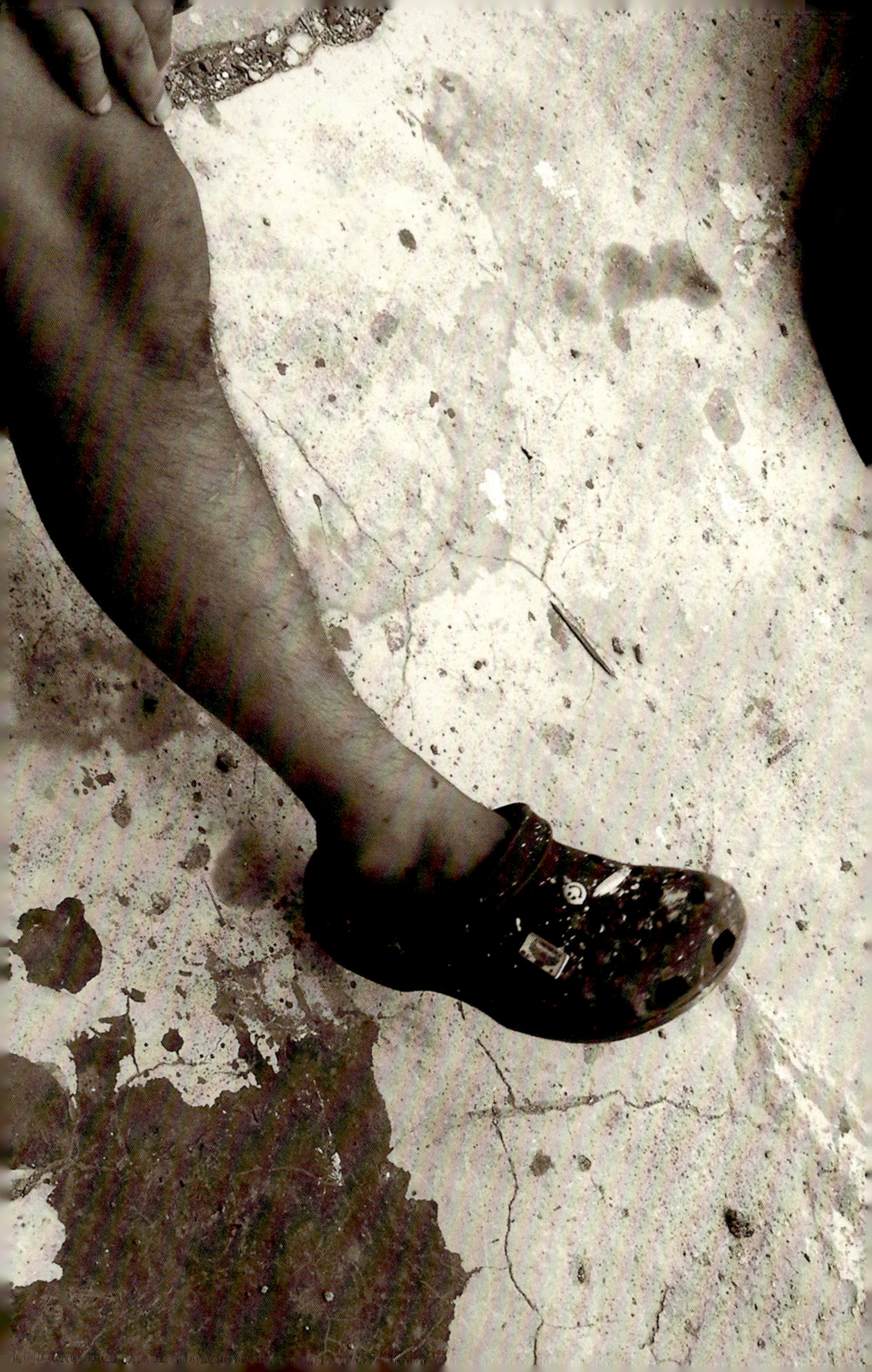

表面的な一体感などいらない。

言語、肌の色、宗教、習慣、過去…
それらを「超えて」つながるのではなく。

世界中のすべての人間の心の底に流れている、
地下水のようなもので、ゆるやかにつながりたい。

人間誰もが、母ちゃんの子宮から出てくるとき、
心の中に持って生まれてきた、なにかあったかいもの。
そこで、シンプルにつながりあえたら、サイコーだよな。

簡単ではない。でも、不可能ではない。

ONE LOVE, ONE HEART.
俺は、あきらめない。

ver It.

UNFINISH

たまには、空を見上げて。
心のド真ん中の叫びに耳を傾けてみなよ。
その声に従って、一歩を踏み出すんだ。

ひとりぼっちを恐れる必要はない。
いくら痛めつけられても、辛いときがあっても、
前に歩こうとする人は、あなたひとりじゃない。
俺も、あんたも、あいつも、ボブも、みんな、つながっている。

そうだ。
俺たちは、自由に生きるために生まれてきたんだ。
死んでしまうそのときまで、自由の歌を唄い続けようぜ。

俺は最強。でも、常に勉強。

もっともっと、でっかい人間になるために。
居心地のいい日常に、ぬくぬくと縮こまってないで、
新しいことにガンガン挑戦しながら、死ぬまで学び続けたい。

誰かがくれる、自由や希望なんてない。
自分を自由にするのは、自分しかいねぇんだ。
不安でも、怖くても、金がなくても。
すべては、自分自身で、つかみとっていくしかない。

タカハシアユム。日本人。
人生学校36年生。
さぁ、今日も、学校へ行ってきます！

3. U.S.A.
CANADA
ALASKA

*アメリカ・カナダ・アラスカ

Anchorage
CANADA
Edmonton
Seattle
NORTH
PACIFIC
San Francisco
UNITED STATES
Los Angeles
New York
MEXICO
Miami
THE BAHAMAS
CUBA
BELIZE
GUATEMALA
JAMAICA
DOMINICAN REPUBLIC
HAITI
HONDURAS
EL SALVADOR
Puerto Rico
NICARAGUA
COSTA RICA
ST.KITTS AND NEVIS
ANTIGUA AND BARBUDA
PANAMA
TRINIDAD AND TOBAGO
VENEZUELA

ROUTE 66
HISTORIC
US
66
EAST
180
BUSINESS
LOOP
40

TO
WEST
INTERSTATE
ARIZONA
40

Majestic

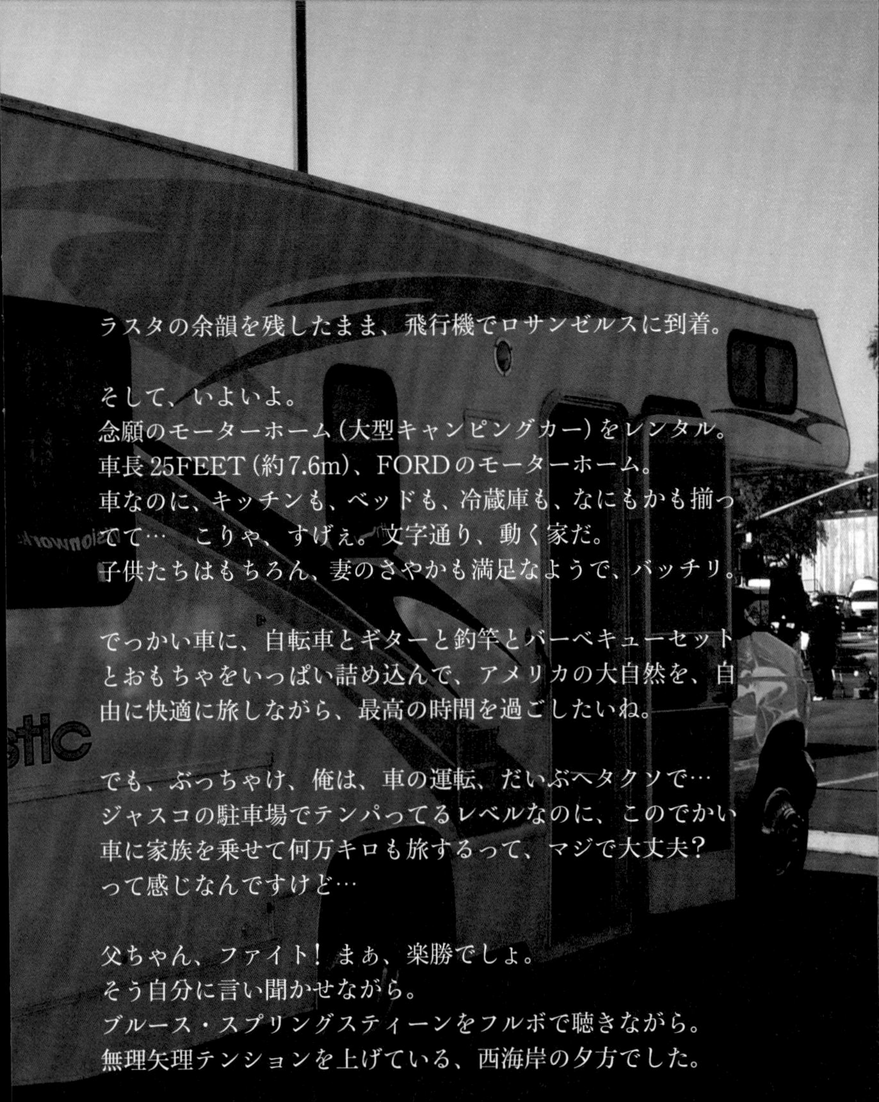

ラスタの余韻を残したまま、飛行機でロサンゼルスに到着。

そして、いよいよ。
念願のモーターホーム（大型キャンピングカー）をレンタル。
車長 25FEET（約 7.6m）、FORD のモーターホーム。
車なのに、キッチンも、ベッドも、冷蔵庫も、なにもかも揃ってて… こりゃ、すげぇ。文字通り、動く家だ。
子供たちはもちろん、妻のさやかも満足なようで、バッチリ。

でっかい車に、自転車とギターと釣竿とバーベキューセットとおもちゃをいっぱい詰め込んで、アメリカの大自然を、自由に快適に旅しながら、最高の時間を過ごしたいね。

でも、ぶっちゃけ、俺は、車の運転、だいぶヘタクソで…
ジャスコの駐車場でテンパってるレベルなのに、このでかい車に家族を乗せて何万キロも旅するって、マジで大丈夫？
って感じなんですけど…

父ちゃん、ファイト！ まぁ、楽勝でしょ。
そう自分に言い聞かせながら。
ブルース・スプリングスティーンをフルボで聴きながら。
無理矢理テンションを上げている、西海岸の夕方でした。

ヴェニスビーチで、目的もなく、ふらふら。

そのときに出逢った、ヒッピー小説家のじいちゃんが、
すごくかっこよくってさ。

互いに自分の書いている本の話をした後、
別れ際に、ニヤっと笑いながら、俺にこう言ったんだ。

KEEP MOVING, KEEP WRITING!
WE NEED BOOKS NOT BOMBS!

旅を続けよう。表現し続けよう。
爆弾よりも、本を創ろうぜ！

JESUS WAS HOMELESS
MAT. 8-19.20
DOLPHIN
WAR IS NOT THE ANSWER
criminalizing HOMELESSNESS!
6
Dennis J. Kucinich
PeaceAction
DEAL WITH IT WITH LOVE
THOU
ONE LOVE
BUSH LIED MANY DIED
IMPEACHMENT IS PATRIOTIC
I M LOVE
How many Iraqi children did we kill today?
KEEP SPACE FOR PEACE
SAVE California's ANCIENT TREES
DIANE'S ARK
SPiRTOF
CALIFORNIA
2DWK114

グランドキャニオン、セドナ、アンテロープキャニオン、ブライスキャニオン、モニュメントバレー、ザイオン、デスバレー…
アメリカ西部、グランドサークル。
神様プロデュースのギャラリーエリア。
数億年もの時間をかけて、地球が描いた作品の宝庫。

美しかった。気持ちよかった。
バランスをとろうとしていないものたちは、
みんな完璧なバランスを持ってた。

俺は、余計なものが多すぎるな。
もっと、透明にならなきゃ。

...for Thirst
...for Taste
...for Lift
Schwinn

大自然の中、キャンピングカーを走らせて、
気に入ったキャンプ場があれば、そこにステイ。
アウトドアでの暮らしは、父ちゃんの見せ場だ。

焚き火のやり方やテントの張り方に始まり、
木登りや虫捕りのコツも、自転車修理のコツも、
釣りの仕掛けの作り方から、釣った魚のさばき方まで…
子供たちに、生きるための知恵を伝授する毎日が楽しい。

でも、そんな知恵は、俺が独自に身につけたものじゃない。
ほぼすべて、子供の頃に、おやじとおふくろから教えてもらったことだ。
そして、きっと、うちの両親も、おじいちゃんおばあちゃんに教わったことだろうし、おじいちゃんおばあちゃんも…
そんな、ファミリーツリーを愛しく感じる、今日この頃。

両親から教わった知恵を、子供たちに引き継ぎつつ。
わからないことは、夜中にひとり、ググりながら勉強しつつ。

父ちゃん最強！であるために。
今日もがんばります。

「日本を離れると、逆に日本的になる。」
そんな不思議な現象が、俺のココロの中で起こっている。

世界を旅すればするほどに想う。
今回の人生、俺は地球人などではない。
日本人だ。

リスペクトする高杉晋作のごとく、
俺も、世界を「大偵察」して、いいエッセンスを、いっぱい
日本に持って帰りたい。
そして、それが少しでも、日本のために役立つようにしたい。

オモシロキ　コトモナキ世ヲ　オモシロク。
お楽しみは、これからだぜ。

地球温暖化って、よく言うけど。
現地の声を聞く限り、正直、微妙な感じがするな。
世論みたいなものを、真に受け過ぎるのは危険だ。

マスコミや権威や科学は、すべて正しいのか?
裏に巨大企業、それに協力を受ける政治家の存在を感じざるを得ない。I don't like that.

みんなが同じようなこと言い出したら、要注意。
まずは、なんでも、疑ってみないと。
すべては、自分の肌で実感したうえで、話したいよな。

踊るのは楽しいが、踊らされるのは嫌いだ。

キャンピングカーをフェリーに載せて、
カナダのバンクーバー島へ。

今日は、娘の空の５歳の誕生日。
ろうそくを、フーってするときの、あのはにかんだ表情。
俺たちの愛が、しっかり胸に届いたみたいで…
ホント、いい顔してた。
空の嬉しそうな笑顔を見ているだけで、
なぜか、父ちゃんまで、幸せな気持ちに満たされて、
思わずはしゃいでしまったよ。

愛や幸せは、循環する。
愛や幸せは、贈れば戻ってくる。
それを実感できた、最高の誕生日でした。

今日は、なんだか、声を大にして、言いたい気分だ。

海も、空も。
俺たちの子供に生まれてきてくれて、
本当にありがとう！
愛してるぜ。

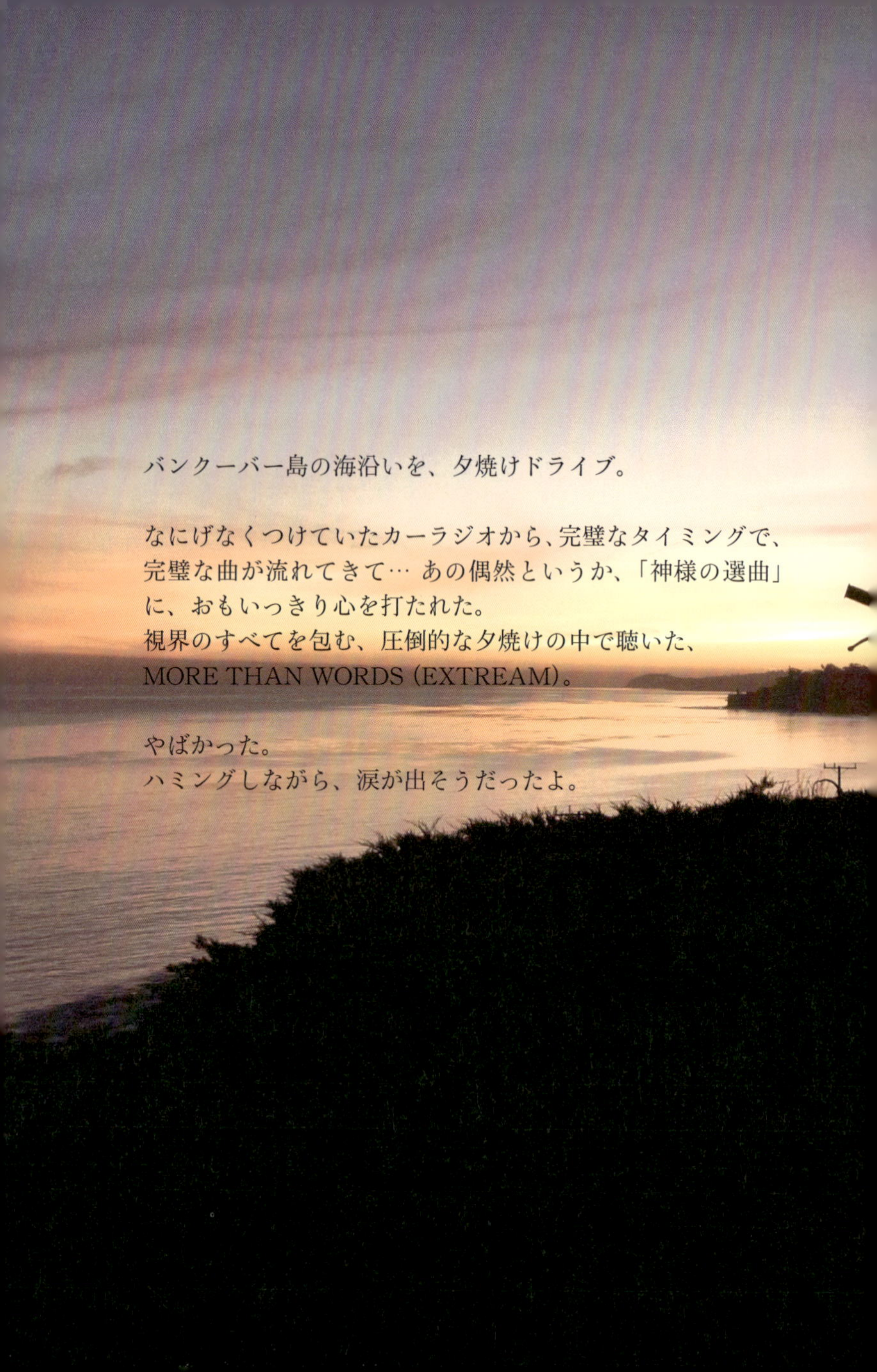

バンクーバー島の海沿いを、夕焼けドライブ。

なにげなくつけていたカーラジオから、完璧なタイミングで、
完璧な曲が流れてきて… あの偶然というか、「神様の選曲」
に、おもいっきり心を打たれた。
視界のすべてを包む、圧倒的な夕焼けの中で聴いた、
MORE THAN WORDS (EXTREAM)。

やばかった。
ハミングしながら、涙が出そうだったよ。

おいおい、なんだよ、そりゃ。
ちょっとずるいんじゃないか、オレ！

そんなことやってると、
魂のランクが下がっちゃうぜ。

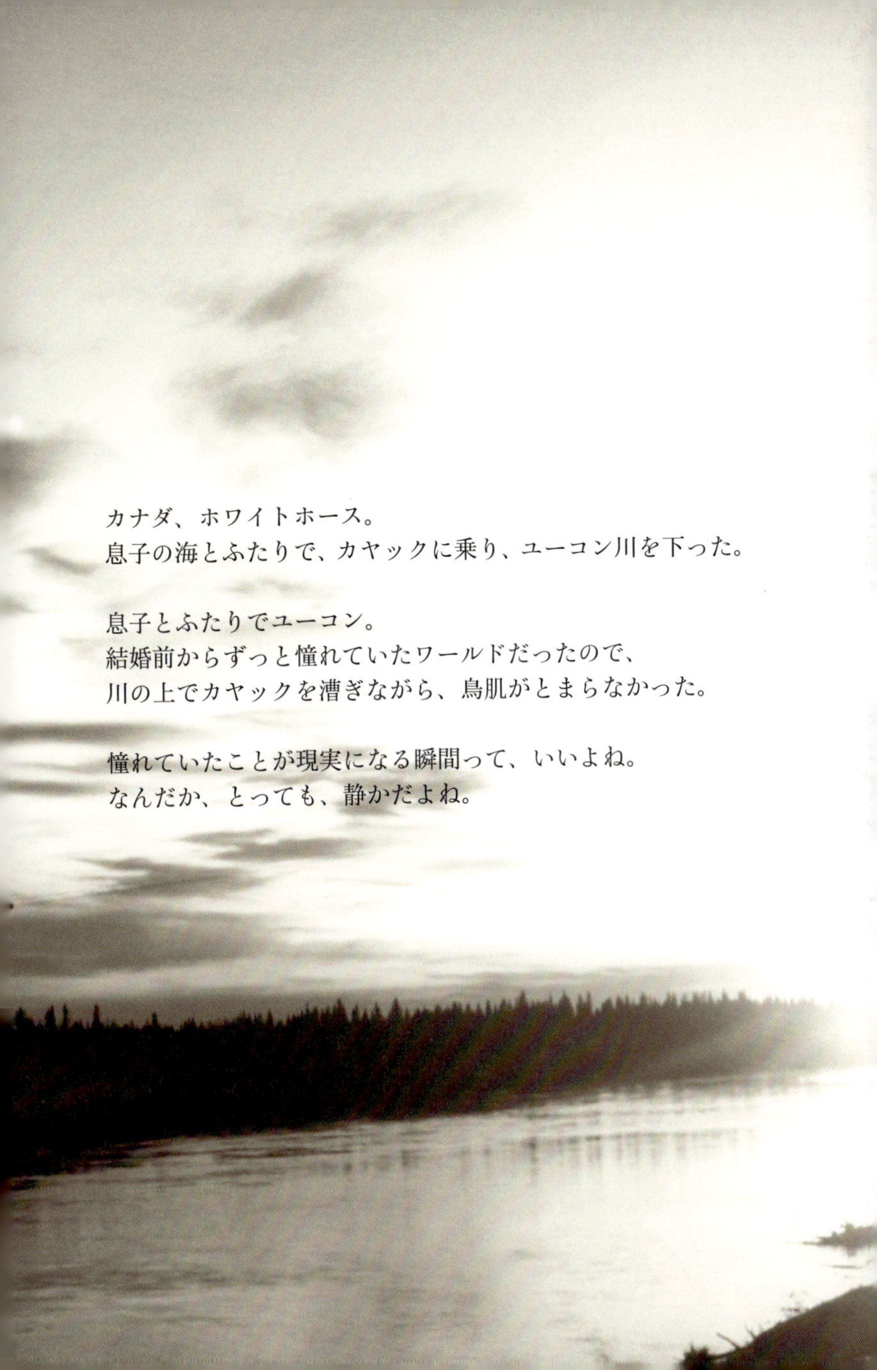

カナダ、ホワイトホース。
息子の海とふたりで、カヤックに乗り、ユーコン川を下った。

息子とふたりでユーコン。
結婚前からずっと憧れていたワールドだったので、
川の上でカヤックを漕ぎながら、鳥肌がとまらなかった。

憧れていたことが現実になる瞬間って、いいよね。
なんだか、とっても、静かだよね。

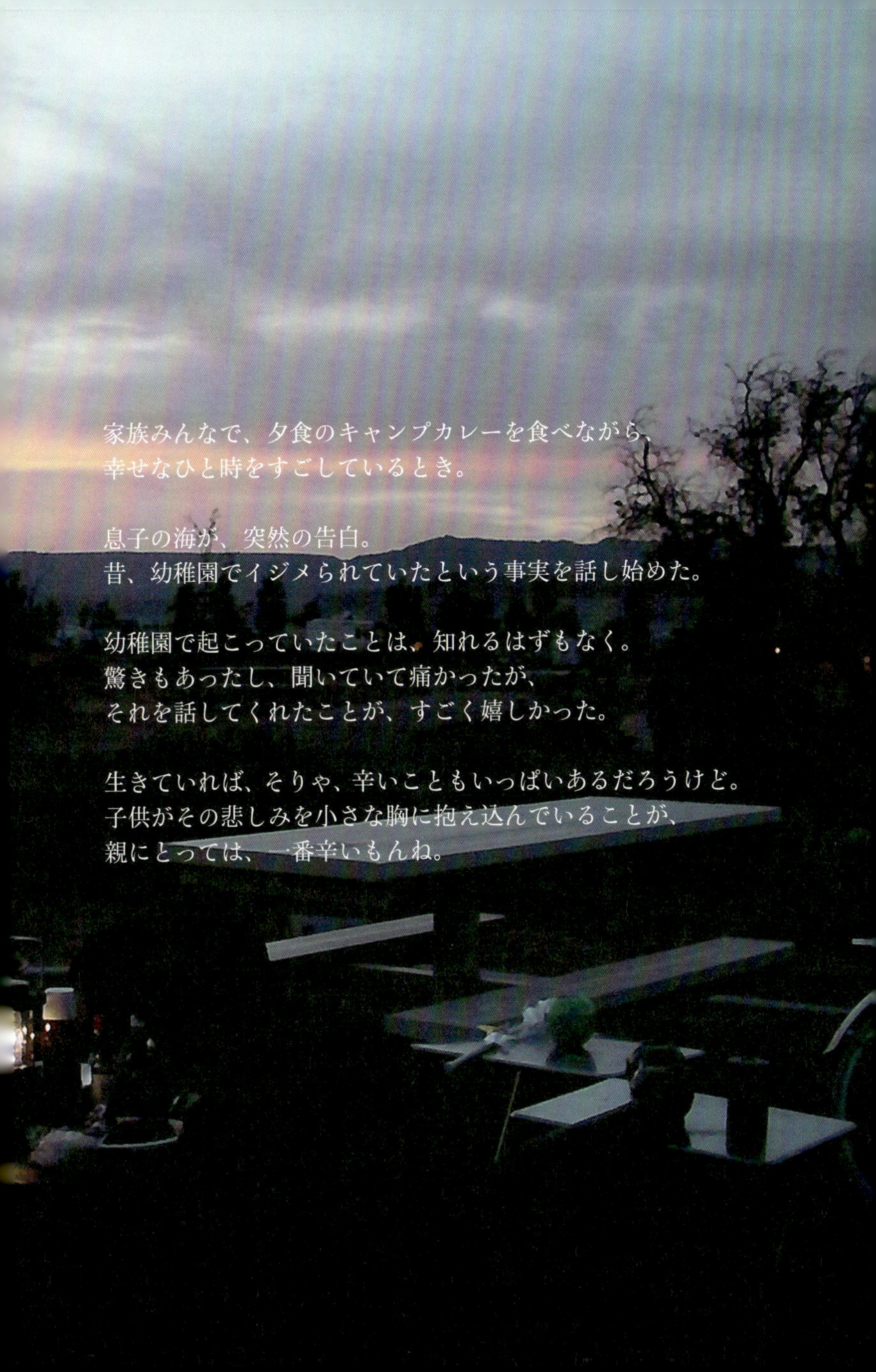

家族みんなで、夕食のキャンプカレーを食べながら、
幸せなひと時をすごしているとき。

息子の海が、突然の告白。
昔、幼稚園でイジメられていたという事実を話し始めた。

幼稚園で起こっていたことは、知れるはずもなく。
驚きもあったし、聞いていて痛かったが、
それを話してくれたことが、すごく嬉しかった。

生きていれば、そりゃ、辛いこともいっぱいあるだろうけど。
子供がその悲しみを小さな胸に抱え込んでいることが、
親にとっては、一番辛いもんね。

その人と一緒にいて、「いいな」と想ったところを、
ちゃんと言葉にして伝えること。

おもいっきりテレくさいけど、
身近な人間と毎日を楽しく暮らしていくために、
とっても大切なことのような気がしてる。

おいおい、そこのコピペくん。
なんだか、あなたの言ってることは、
誰かのコピーや転送ばかりだな。
あなたが何を考え、何をしたいのか、よくわからないよ。

毎日、新しい情報に触れることばっかりで、
じっくり考えることを忘れてないか？

みんながピコピコしてる、こんな時代だからこそ。
本当に必要な情報以外、あえてシャットアウトしてさ。
ひとりで思い悩み、思い描く時間を、大切にしようぜ。

Majestic
10

12
13
Aly

アラスカハイウェイの小さなキャンプ場。

娘の空が、泣きながら、何度も何度も練習して、初めて、自転車に乗れたとき。すごいことが起きたんだ。
初めて乗れた！っていうその瞬間に、なんと、空の身体から、いきなり、見たこともないくらい巨大な虹が出現してさ。
「空の身体から、虹が出てる！」って、息子の海が叫んで。
おいおい、こりゃ、ポケモンみたいだなって、俺も、びっくり。
きれいな半円を描くすごく明るい二重の虹。
本当にあるんだね、こんなこと。
虹フェチの俺としても、あの虹の美しさは、史上最高だった。

この「虹事件」に限らず、海も空も、スプーンも普通に曲げちゃうし、子供って、というか、人間って、たぶん、そういう力をナチュラルに持ってるんだろうね。
俺も、思い出したいなぁ。

でも、空がスプーンを指でさすって、クニャって曲げたとき、「おおっ！ すげぇ！」って盛り上がっている俺の横で、「キャンプ生活であんまり食器がないんだから、余計なことしないで！」なんて、普通に怒ってるさやかにも笑えたけど。

さすが、主婦だ。
見ているポイントが違うぜ。
主婦、リスペクト。

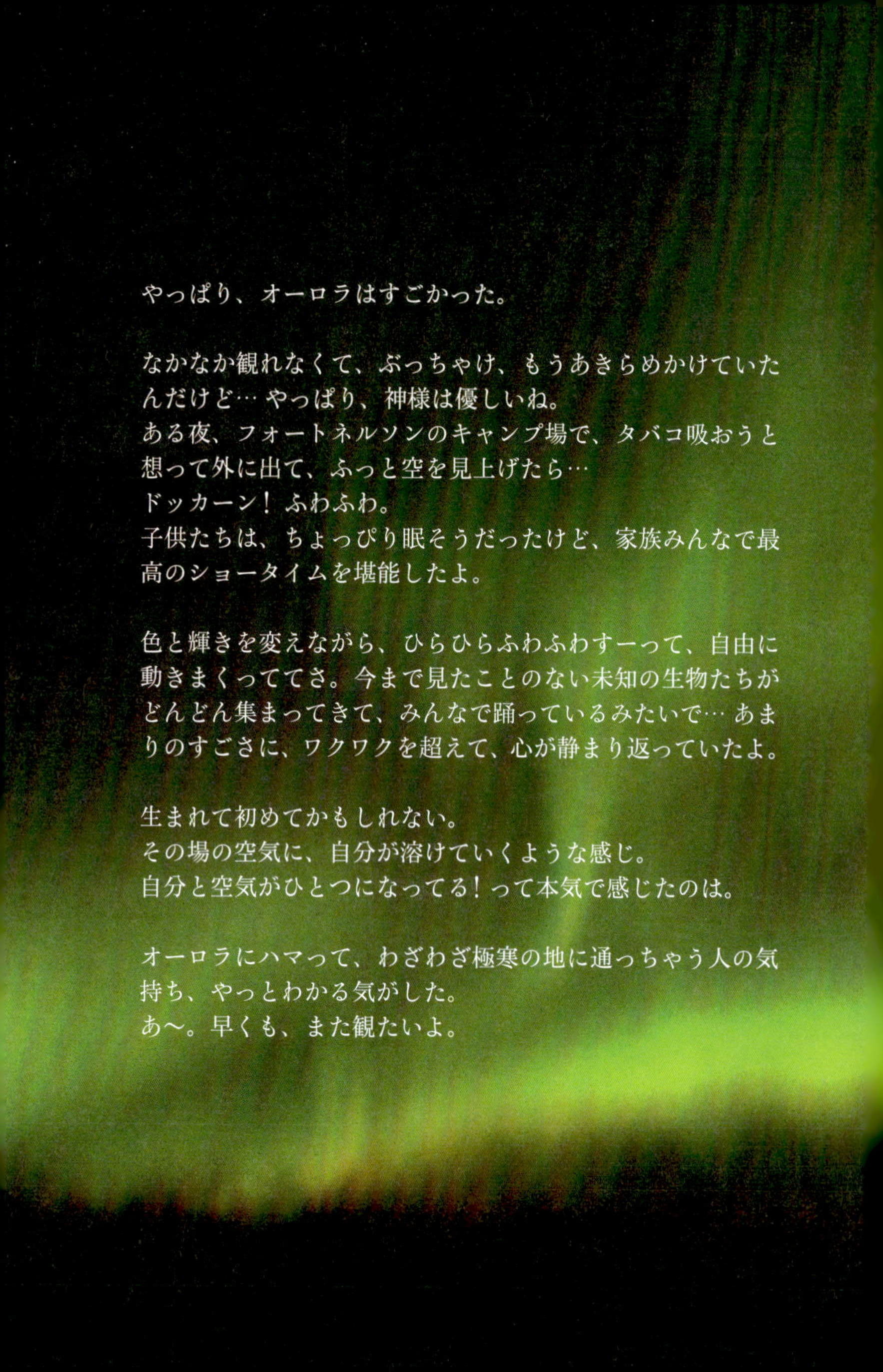

やっぱり、オーロラはすごかった。

なかなか観れなくて、ぶっちゃけ、もうあきらめかけていたんだけど… やっぱり、神様は優しいね。
ある夜、フォートネルソンのキャンプ場で、タバコ吸おうと想って外に出て、ふっと空を見上げたら…
ドッカーン！ ふわふわ。
子供たちは、ちょっぴり眠そうだったけど、家族みんなで最高のショータイムを堪能したよ。

色と輝きを変えながら、ひらひらふわふわすーって、自由に動きまくっててさ。今まで見たことのない未知の生物たちがどんどん集まってきて、みんなで踊っているみたいで… あまりのすごさに、ワクワクを超えて、心が静まり返っていたよ。

生まれて初めてかもしれない。
その場の空気に、自分が溶けていくような感じ。
自分と空気がひとつになってる！って本気で感じたのは。

オーロラにハマって、わざわざ極寒の地に通っちゃう人の気持ち、やっと分かる気がした。
あ〜。早くも、また観たいよ。

わぁー。
なんか、今、命が溢れてきた！

10年ぶりに訪れたアラスカは、やっぱり大きかった。

野生動物の息吹を感じながら、広大な原野で過ごした日々。
なんか、透明なんだけど、カラフルっていうか。
めちゃくちゃ冷たいんだけど、ふんわり優しいっていうか。
みんな勝手に生きているんだけど、すべてはつながっているというか。
なんかうまく言えないけど、そんな感覚が身体に漂っている。

今回の旅で、あらためて、アラスカに恋しちゃったみたい。
昔、星野道夫さんが開いてくれたアラスカの扉。
今、その道を歩きながら、少しずつ、自分のアラスカが始まってきた気がする。

それにしても、アラスカは、懐が深いな。
なんか、知れば知るほど、より大きさを感じる。
これは、きっと、一生モノの刺激だ。
これから、ゆっくりと、ライフワークで味わっていきたい。

人に対してでも、物に対してでも、場所に対してでもいい。
「すごい！」「これ、やばい！」「大好き！」「サイコー！」
「鳥肌！」「脳みそスパーク！」
生き方を決めるうえで、これほど明確なサインはない。

この胸のときめきがきたら、もうそれだけでオッケーだ。
進路は決定！ 疑いの余地ナシ。

俺は、昔から、ずっとそうだ。
シンプルに、自分の中に溢れてくる「脳みそスパーク！」っていう感覚と、心中する覚悟で生きてる。
っていうか、今回の人生は、そうやって生きるって決めてる。

だから、毎日、いいことも嫌なことも人並みにあるけど、
心の真ん中は、いつもスッキリ晴れやか。

A true story of a never-ending summer
ISLAND
LOV
&
FRE
NEW YORK EDITION BY AYUMU TAKAHASHI /
WORDS & PHOTOS collected from the streets

アラスカ、カナダの大自然を抜けて、
いきなりの大都会、NYへ。

毎晩のように、たくさんの仲間や面白い人々と合流しながら、世界中のうまいもの、うまい酒を飲み歩いたけど、やっぱり、この街は、パワーあるね。
変人は変人のままで、怪人は怪人のままで生きていける感じっていうか、この街に漂っている、多様性ウェルカム！な空気が、とても自由で気持ちよかった。

何年も前から、仲間と一緒に進めてきたNYでのプロジェクトも、嬉しいことに、どんどんカタチになってきててさ。

「海賊王ルフィみたいに、俺たちも7つの海を渡ろうぜ！」ってことで、ニューヨークで仲間と一緒に創った出版社『ONE PEACE BOOKS』から、いよいよ、オレの本『LOVE&FREE』が全米発売スタート！

そして、憧れのアンディ・ウォーホルが、数十年前まで所有していたビルであり、ストリート画家のバスキアが自宅兼アトリエとして使っていた空間を、幸運にもゲット。その空間に創った秘密のアジト、レストランバー『Bohemian』も、いよいよオープン！

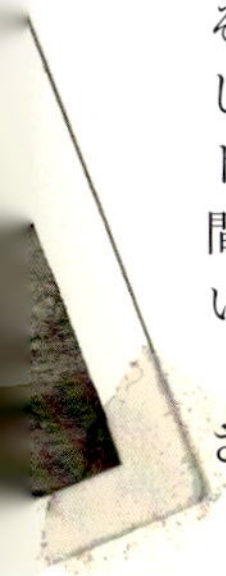

さぁ、NYでも、新しい物語が始まったぜ。

未知の領域に踏み込んでみたい。
ただ、それだけかもしれない。

俺たちみたいな、たいした実績もないひよっ子は、
止まったら終わりだ。

俺は、まだまだ行くぜ。

あんたは、どうだい？

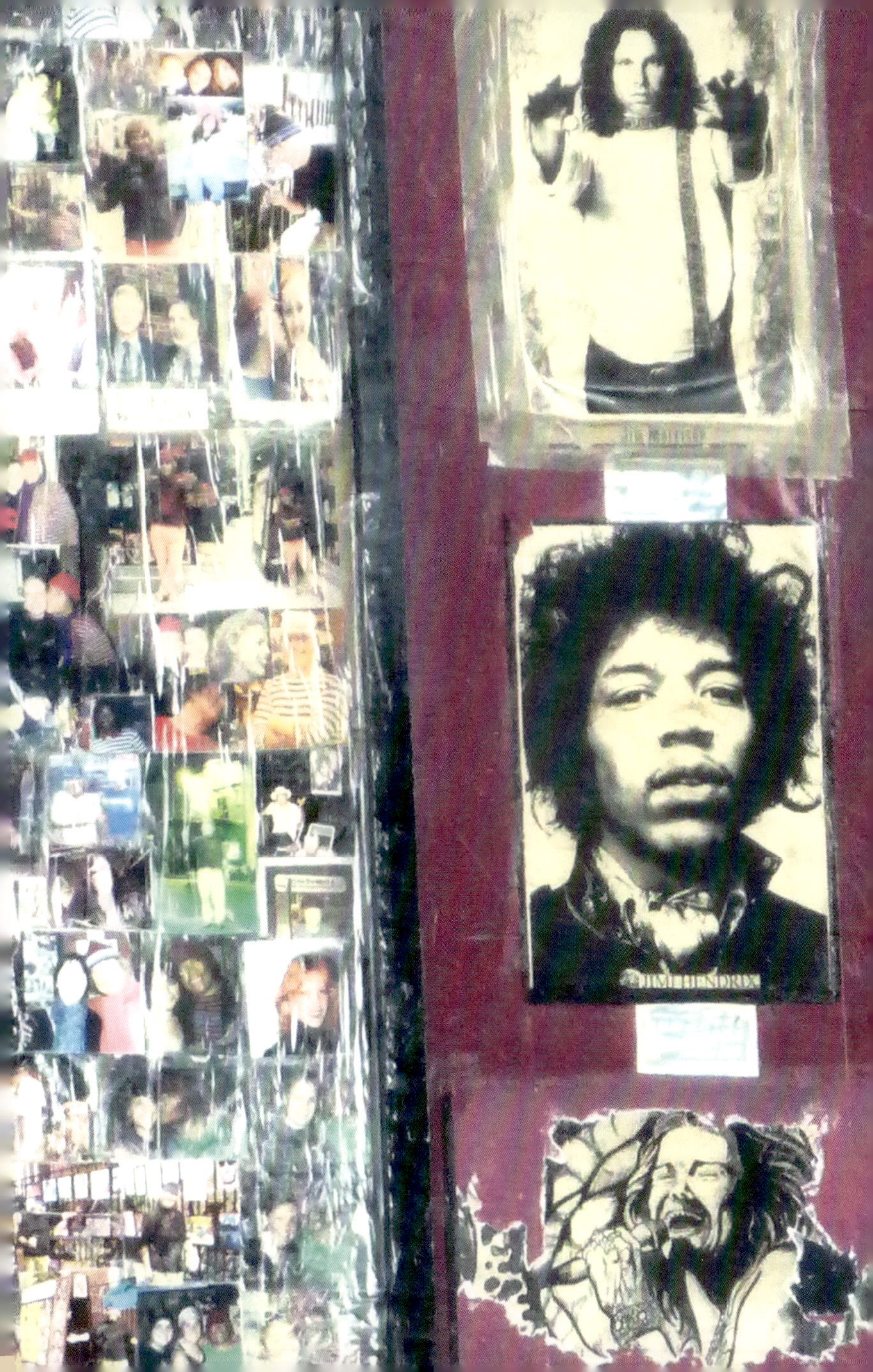
JIMI HENDRIX

4. AUSTRALIA NEW CALEDONIA

*オーストラリア・ニューカレドニア

NDONESIA
Java Sea
Banda Sea
Arafura Sea
PAPUA NEW GUINEA
SOLOMO ISLAND
Darwin
Kakadu National Park
Katherine
Dammara
Ayres Rock
Alice Springs
Eridunda
AUSTRALIA
Cooper Pedy
Port Augusta
Adelaide
Mildura
Hay
Wagga Wagga
Sydney
South West Rocks
Byron Bay
Surfers Paradise
Bundaberg
Rockhampton
Bowen
Cardwell
Cairns
Coral Sea
New Caledonia (FRANCE)
NEW CALEDONIA
Tasman Sea
NEW ZEALAND

オーストラリア、上陸。

ケアンズで、新しいキャンピングカーを借りる。
まるで、新しい家を借りたみたい。
車内の広さは、８畳一間のワンルーム＋ロフト付きって感じで、４人で暮らすにはちょい狭いけど、充分、快適。

なんと言っても、大自然から大都会まで、
オンザビーチから、大渓谷から、ショッピングセンターまで、
気の向くままに、自由に家を動かせる感覚は刺激的だ。

まずは、郊外の大型スーパーやホームセンターで買出し。
それから、みんなでアイデアを出しながら、内装を決めて、
役割分担をしながら、各自の「仕事」を決めて…
こうやって、またゼロから新しい生活を作っていくのは、
とっても大変だけど、とっても楽しい。

その日の夜、ひとりで、タバコをふかしながら、
あらためて想ったんだ。

家族４人。
俺たちは、いいチームだ。

好きな人と、笑いあえること。
それ以上の幸せはない。

自分の過去の成功例をマネるな。

遠い昔の人が言っていた言葉が、
なぜか、俺の胸から消えない。

オーストラリア大陸のどこまでも続く道を走りながら、
俺の心が叫んでた。

おいおい。
小さくまとまってんじゃねぇぞ、俺！

ENTRANCE
SOLID OPAL RINGS
FREE OPAL
OPAL JEWELLERY DIDGERIDOOS
AUTHENTIC
ABORIGINAL ART
EXHIBITION

結局、人を信じるしかないんだ。
そうしなければ、きっと何もかもがダメになる。

さやかとケンカして、イライラしたり。
なんか疲れて、イライラしたり。
腹が減って、イライラしたり。

俺は、何かがあってムカついてきたとき、
無意識に鼻歌を歌って、ごまかしてるみたい。
ケアンズのショッピングモールで買出しをしながら、
そういう自分の癖に気がついた。

最近の流行の鼻歌は、山崎まさよしのセロリ。
理由は不明。

「空の肌は、ツルツルでいいねぇ」
なんて、娘の空をほめたら、それをきっかけに、
「どうせ、あたしは…」的に、さやかが怒り出し。

あらま？ そういうつもりじゃないんですけど。
ホントに、女は難しいね。

「女っていうのは、誉められて美しくなる生き物なの！」
う〜ん、なるほど。
勉強になります。

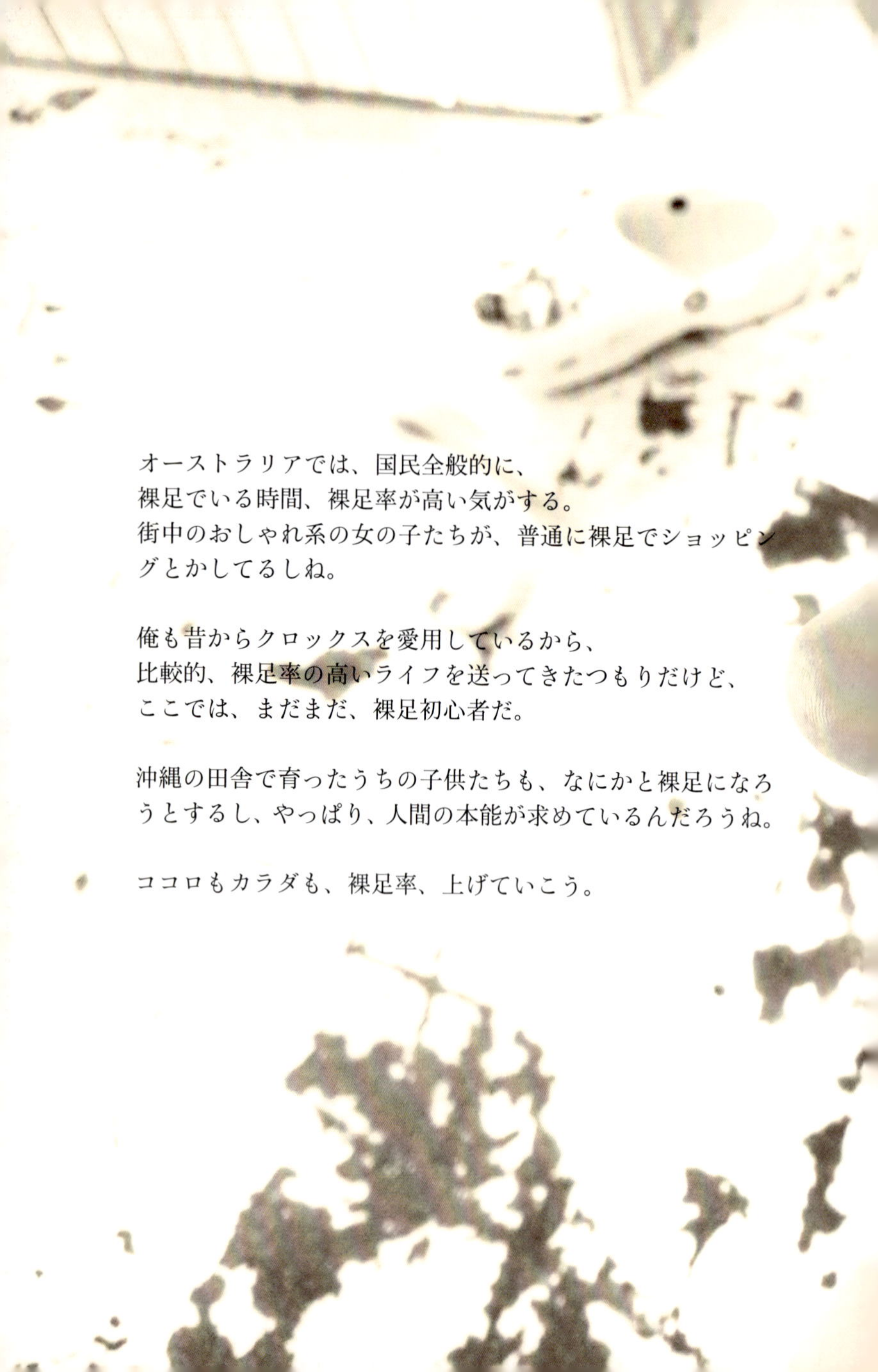

オーストラリアでは、国民全般的に、
裸足でいる時間、裸足率が高い気がする。
街中のおしゃれ系の女の子たちが、普通に裸足でショッピングとかしてるしね。

俺も昔からクロックスを愛用しているから、
比較的、裸足率の高いライフを送ってきたつもりだけど、
ここでは、まだまだ、裸足初心者だ。

沖縄の田舎で育ったうちの子供たちも、なにかと裸足になろうとするし、やっぱり、人間の本能が求めているんだろうね。

ココロもカラダも、裸足率、上げていこう。

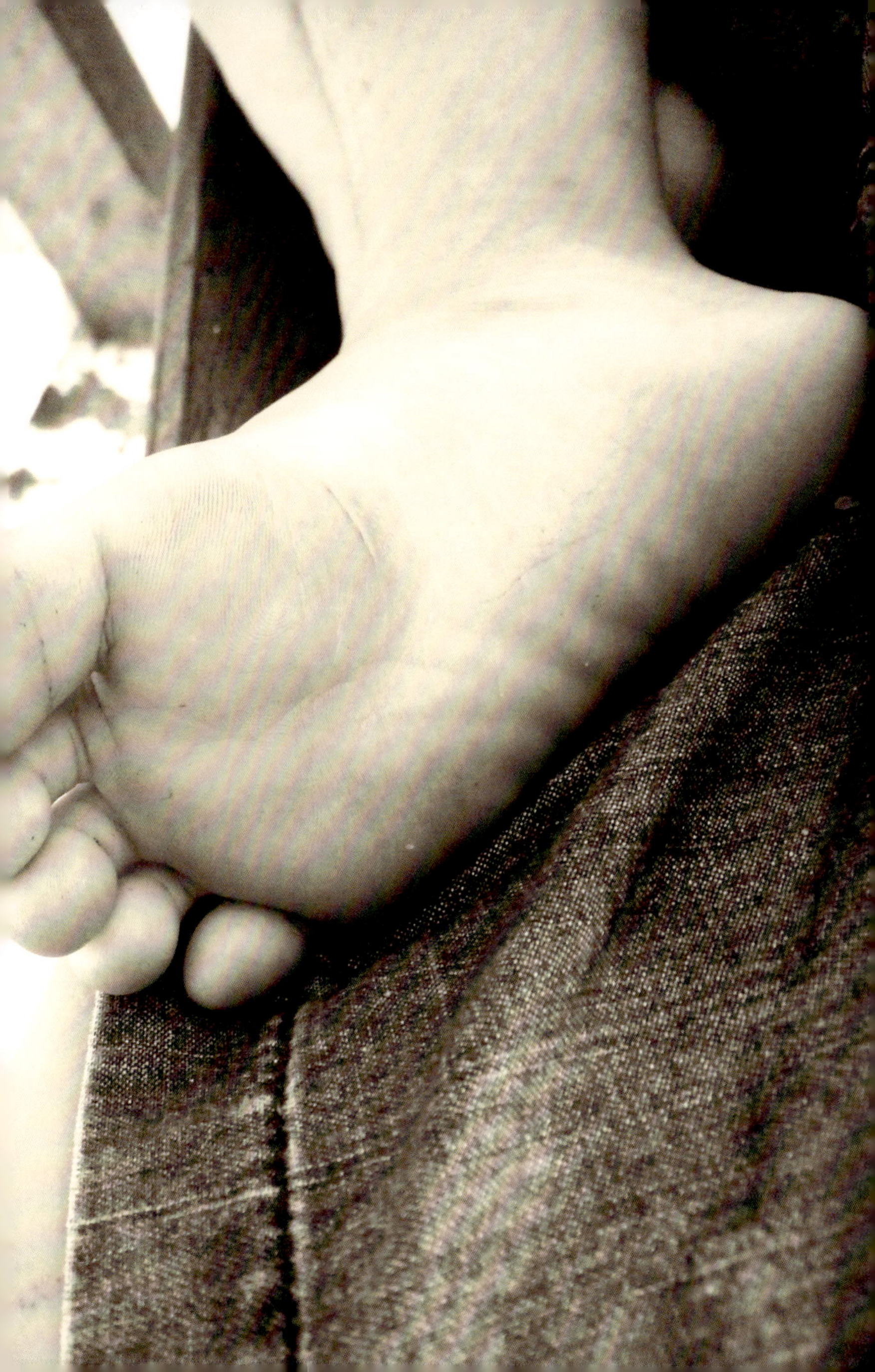

あなたがわたしにくれたものが、いっぱいあります。
あなたは、もう、そばにいないけど、
そのぶん、ぼくは、いっしょうけんめい、
よのなかにかえします。

maui
1300 363 800

エアーズロック。Uluru.
アボリジニ語で、世界の中心。

世界の中心で愛を叫ぶ?
いやいや。

世界中どこにいても、
俺にとっては、家族がいるところが世界の中心だぜ。

自分らしく生きようとするのではなく。
自分らしさなんて、どうでもいいということに気づくこと。

そうすると、自然に自分らしくなる。

久しぶりに、子供を肩車して歩く。

息子の海も、娘の空も。
小さい頃から肩車が好きだったから、
よくこうして、近所のビーチを歩いたもんだ。

肩車するお母さんっていうのは見たことないし、
肩車は、お父さんの特権だぜ。

大人になる頃には、きっと、ふたりとも、
この風景は忘れてしまうんだろうけど…

父ちゃんは、きっと、この幸せな気分を一生忘れない。

LAST
BEER
TILL
CAPE
HORN

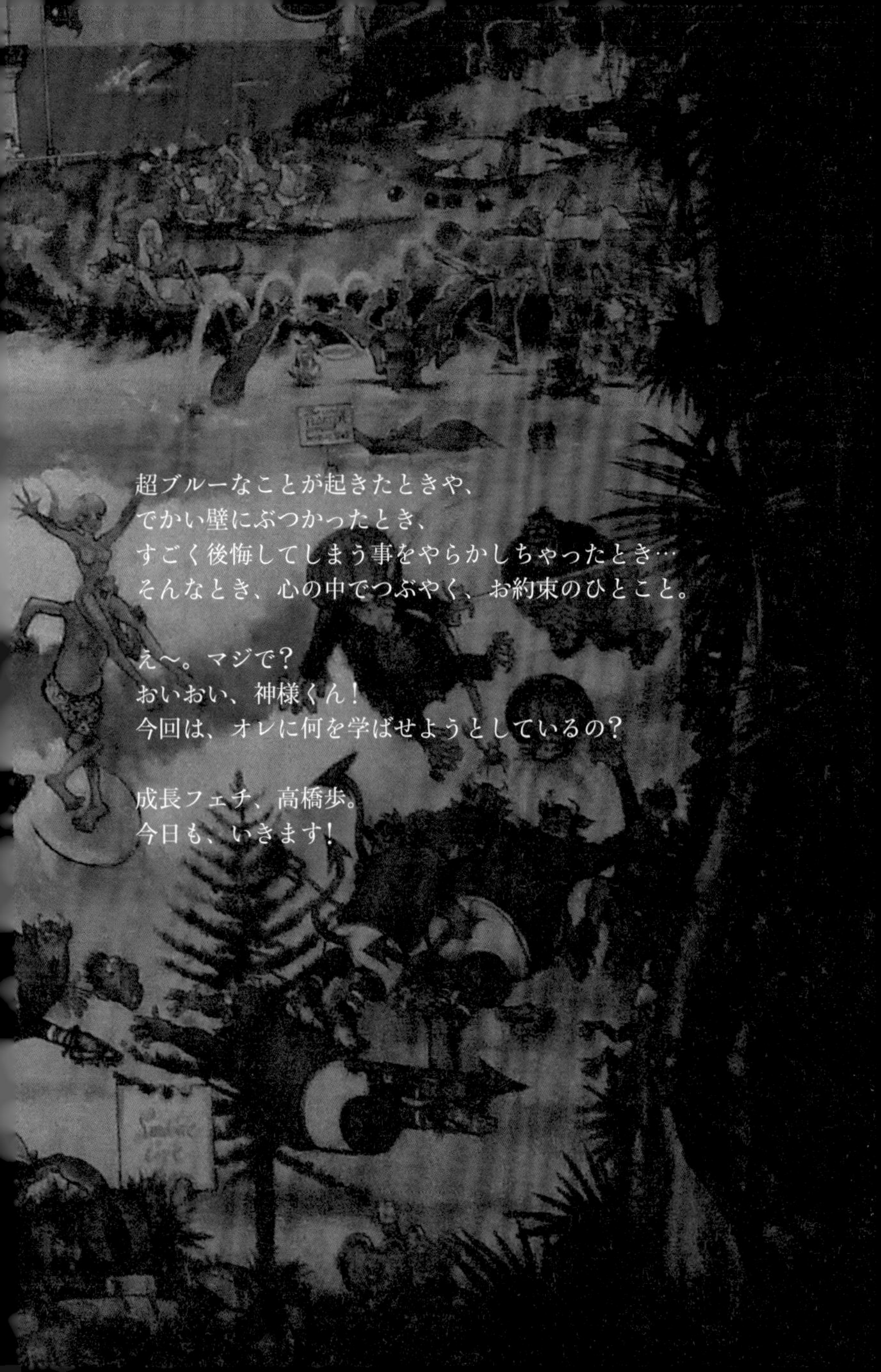

超ブルーなことが起きたときや、
でかい壁にぶつかったとき、
すごく後悔してしまう事をやらかしちゃったとき…
そんなとき、心の中でつぶやく、お約束のひとこと。

え〜。マジで？
おいおい、神様くん！
今回は、オレに何を学ばせようとしているの？

成長フェチ、高橋歩。
今日も、いきます！

好きだという気持ちに、理由なんてない。

TCH MINI
ANCAK
3674

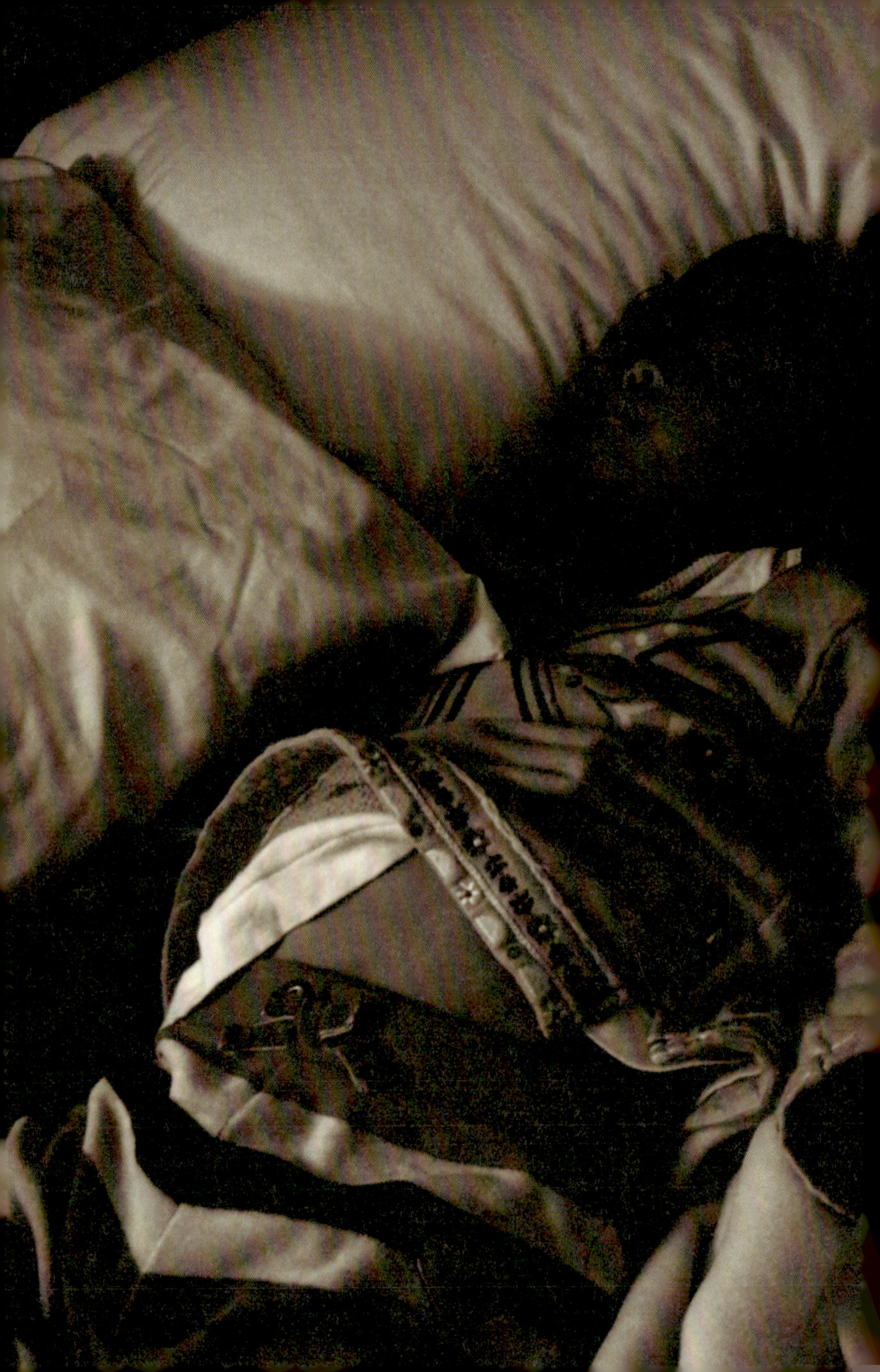

子供が眠った後、寝顔を見つめていた。
ほっぺたとほっぺたをくっつけてみたら、
小さな寝息が聞こえた。

そんなときに溢れてくる、この感情はなんだろう？
一緒に暮らしていても、わかってあげられなかった、彼らの
細やかな気持ちとか、口に出来なかったであろう想いとか、
そういうものが、びんびんに伝わってきて…
父ちゃん、胸がキュンとなりました。

ああ、きっと、あの時、こんな風に思ってたのかもな、とか。
こんな小さい身体で、よく頑張ってるよなぁ、とか。

子供は大人ほど、想いを口に出来ない。
でも、子供の表情はうそをつかない。
だからこそ、もっともっと、表情で感じてあげなきゃな。

普段の日常のあたりまえの時間の中で。
もう少し、子供たちひとりひとりに、愛を。
一緒に過ごす瞬間、瞬間に、愛を。

俺は、まだまだ、愛が足りないです。
人の気持ちを思いやる力、
人の気持ちを想像する力が足りないです。
大きくなろうぜ、オレ。

「アボリジニの先祖たちは、歌いながら、大陸中を隅々まで歩きました。川を、山を、海を、砂丘を歌いました。そして、歩いた後には、歌だけが残されました。彼らにとっての『地図』とは、その歌をあわせたものなんです…」

アボリジニの聖地、アーネムランド。
ガイドさんの話してくれた、アボリジニの世界観に触れて、心がときめいた。

へぇ〜。そんな地図ってありかよ。おもしれぇ。

それから、彼らの壁画をいくつも見て回ったり、「SONG LINE」という本をきっかけに、様々な本を読み込んでいくうちに、彼らの世界観にどんどん魅了されていった。

俺の中の「あたりまえ」を壊してくれるもの。
こういうのもあるよね？って、新しく投げかけてくれるもの。
そんなものが大好き。

世界中の路上には、俺のちっぽけな常識をぶち壊してくれる、常識デストロイヤーたちが溢れている。
妙なプライドは脱ぎ捨てて、いつも身体中を乾いたスポンジにしながら、素敵なものを、全身で吸収しまくりたい。
そうやって、もらった栄養分を、体内でゆっくり咀嚼《そしゃく》していくうちに、きっと、自分の中から、また新しい芽が生えてくるんだ。

俺が聞きたいのは、
メリットがどうとか、デメリットがどうとかじゃなくて。

やるのか、やんないのか。

それだけだぜ。

さやかは、相変らず、
「ごめんね」と「ありがとう」を、ちゃんと言える女性だ。
すごい。

俺は、相変らず、
「うるせぇ」「そんなの察しろよ」なんて、怒ってばかり。
ダサい。

まぁ、でもさ。
いつまでも、愛変わらず。
一緒にいたいぜ、ベイベー。

キャンピングカーで旅しているときは、ほぼ毎晩。
寝る前は、子供たちと一緒に、絵本を読んでいる。

でも、最近、絵本を読んでて想うんだよね。
なんでもすぐに、イイ者とワル者に分けるのって、
なんか変じゃねぇ？

子供向けの映画やテレビを見ててもそうだけど、
リアルな世の中って、そして、リアルな人間って、
正義か悪か、黒か白かみたいに、単純なものじゃないよね。

悪い奴にもいいとこあるし、いい奴にも悪いとこあるし。
もっと、現実は、ぐちゃぐちゃにチャンプルーしているんだから、その空気感を、子供にもちゃんと伝えようよ、って想う。

昔、ちょうど同時に公開されていてわかりやすかったけど。
「神様 vs 悪魔」の方程式どおりに進むハリーポッターより、
「みんな神様で、みんな悪魔で、もうぐちゃぐちゃ」な感じの千と千尋のほうが、俺は断然ピンと来るね。

野生のワニが溢れる楽園、カカドゥ国立公園。

幻の巨大魚、バラマンディーを釣りに行ったんだけど、
ガイドをしてくれたおじさんが、サイコーでさ。

「オレは小さな頃から、両親に、好きなことを想いっきりやれば、必ずそれが仕事になる、と言われてきた。だから、子供の頃から、釣りばっかりやってきたんだ。そして、今は、釣りを仕事にして、幸せにやってるよ。両親の言うことは本当だったな。人生は、とてもシンプルだ。」

ガイドとしての心配りも完璧で、今までに出逢ったこともないくらい、やわらかい風を身にまとった人だった。

その日は、いっぱい釣れて、俺たちは大満足して。
別れ際に、タバコが好きなその人に、日本から持ってきていたタバコPEACEをプレゼントしたら、いい笑顔しててさ。
ホント、PEACEだったよ。

愛するということは、その人の人生を知るということ。

出逢って16年。結婚して10年。
俺は、まだまだ、さやかのことを知らないみたいだ。

いっぱい話して、いっぱいぶっちゃけて。
もっと、もっと、さやかを知りたい。

ダーウィン。
オーストラリア史上、唯一、爆撃を受けた場所。

ヒッピーの溢れるビーチマーケットは楽しかったけど、
日本が残した戦争の傷跡は、痛くて見ていられなかった。

無知な俺は、太平洋戦争というと、原爆、東京大空襲、ひめゆりの塔などについて聞いたことがあるくらいで、正直なところ、「日本人は戦争の被害者だ」という意識が強かった。
でも、オーストラリアを始め、諸外国の人々は、当然ながら、日本人も、立派な加害者だと記憶している。

戦争の「加害者」としての日本もいる。
そんなあたりまえのことを思い出して、なんだか恐ろしい気持ちになった。

もう二度と、被害者にも、加害者にもなりたくないから。
これは、目をそらしたり、チャカしたりしちゃいけない。
今後、理由はどうあれ、
日本は絶対に、戦争はしない国にしなきゃ。

そんな想いが、今、まっすぐに胸を突き上げている。

俺は、日本を愛している。

ただ、俺のイメージする愛国心というのは、
家族を愛したり、故郷を愛するみたいに、
とってもナチュラルなもので。
みんなで一致団結して叫ぶようなものではない。

約70年前、実際に起こしてしまった、
日本史上最大の失敗を、もう二度と繰り返さないために。

今後は決して、みんなで集団発狂することなく、
ひとりひとり自由に、それぞれのスタイルで、
日本への愛を抱きしめながら生きていこうよね。

オーストラリア大陸の旅が終わった。

約３ヶ月というわずかな時間だったけど、
キャンピングカーで気ままに放浪したオーストラリア。
アメリカに比べると、なんだか、すべてが、ゆるくて優しくて。
インパクトっていうよりは、心地よさというか。
ハード＆ワイルドというよりは、スロー＆メローというか。
お父さんというよりは、お母さんな感じのする大陸だった。

北米大陸、3万２千キロ、
オーストラリア大陸、1万キロ。
合計で、約４万２千キロを、無事に走破！

我ながら驚くけど、人間、やればできるもんだね。
あれだけ運転の苦手だった俺が、今じゃ、トラック運ちゃん
にだってなれるぜ、っていうくらい、自信あるぜ。

これからも、挑戦フェチとして、
なにごとも、アタックあるのみ！

ニューカレドニアへ。

世界中で、きれいな海はいっぱいあったけど、
やっぱり、この海の透明度は圧倒的だった。

でも、不思議だ。
美しく透きとおる海を見ているだけで
こんなに幸せな気持ちになるのは、なぜなんだろう。

自分も自然の一部だから。
自然の美しさを通して、自分の美しさを確かめているのかな。

子供たちと遊び終え、ひとりで、ビーチでふんわりしながら。
俺の心の奥にある、円くて優しい透明な部分。
それを大切に、抱きしめていました。

ENDING

人は愛着のある場所を捨てて、
旅立たなくてはならないときがある。

俺にとっては、きっと、それが今だったんだろう。

広い世界を旅すればするほどに、想う。

幸せというのは、遠くまで出かけていって、
探したり、見つけたり、ゲットするものではなく。
毎日の身近な人との関係から、自然に生まれてくるものだ。

死ぬときに、「今回の人生は幸せだった」と感じさせてくれる最大のものは、きっと、名声や財産やトロフィーじゃない。
間違いなく、隣で見守ってくれる妻の笑顔だ。

過去や未来ではなく、今を。
どこかではなく、ここで。
幸せは、いつも、3メートル以内にある。

人間は何のために生きているのか？
そんなのそれぞれの自由だ。

でも、自分は何のために生きているのかはわかる。
俺の場合、すごくシンプル。

俺は、さやかを幸せにするために生きている。

今回の人生は、この人と、最後まで一緒に生きる。
あの日、そう決めたから。
もう、ふたりの幸せを、切り離して考えることは出来ない。

さやかの幸せは、俺の幸せであり、
俺の幸せは、さやかの幸せなんだ。

Always & Forever.

平和活動とか言うと、なんだか大げさだけど。
旅をして、旅先で友達を創ること。
それは、誰にでも出来る、最高の平和活動だと想う。

海外に友達ができることで、その国の人々も、自分と同じように、家族がいて、恋をして、仕事をして、泣いたり笑ったり悩んだりしている、ひとりの人なんだ、というあたりまえを、肌で感じられるようになる。

国と国というシステムではなく、
個人と個人の体温でのつながりを増やしながら。
そのつながりが、何千、何万、何億…という規模に広がっていったとき、自然に、殺し合いはなくなっていると想う。

Entrance

ずっと長い間。
感覚ではわかっていたけど、ちゃんと理解できなかったこと。
それが最近、ようやく、わかってきた。

優しさも、強さも、愛も、自由も、幸せも。
大切なものは、すでに、自分の中にある。
人間は、そういうものを、すべて持って生まれてきている。

だから、新しく知るのではない。
思い出すんだ。

得ていくこと、足していくことが成長ではない。
捨てていくこと、透明になっていくことが成長なんだ。

思い出すんだ。

自分が持っている優しさを。
自分が持っている強さを。
自分が持っている愛を。

オレは、すげぇんだ。
オマエは、すげぇんだ。

本気出せば、絶対やれるよ。

迷ったときは、ひとり静かに。
自分の心の声に、耳を傾けてみなよ。

頭で考えるのではなく、
心の真ん中に話しかけて。

自分にとって、一番大切なことはなんだ？

すべての答えは、自分の中にある。

JAMAICA
POST

答えは、探すものじゃない。
決めるものだ。

おれも、おまえも。

普段はどうしょうもないけど、
マジやるときは、やる人間だべ？

日本のため、世界のため。
そんな大義名分はいらない。

まず、目の前の人に、
ありったけの愛を。

その愛がでかければ、
それは、自然に世界中に広がっていく。

目の前の人を愛せない奴に、
世界は愛せない。

BOOKS
NOT
BOMBS
IMAGINE
ALASKA
ROUTE
MOOSE

ひとりひとりに愛を。
ひとつひとつに心を込めて。
すべてはつながっている。

ONE LOVE, ONE WORLD.

動き続けよう。
変わり続けよう。

いつか死ぬときに、
楽しかったことも、辛かったことも、全部ひっくるめて、
自分が歩いてきた道を愛せるように。

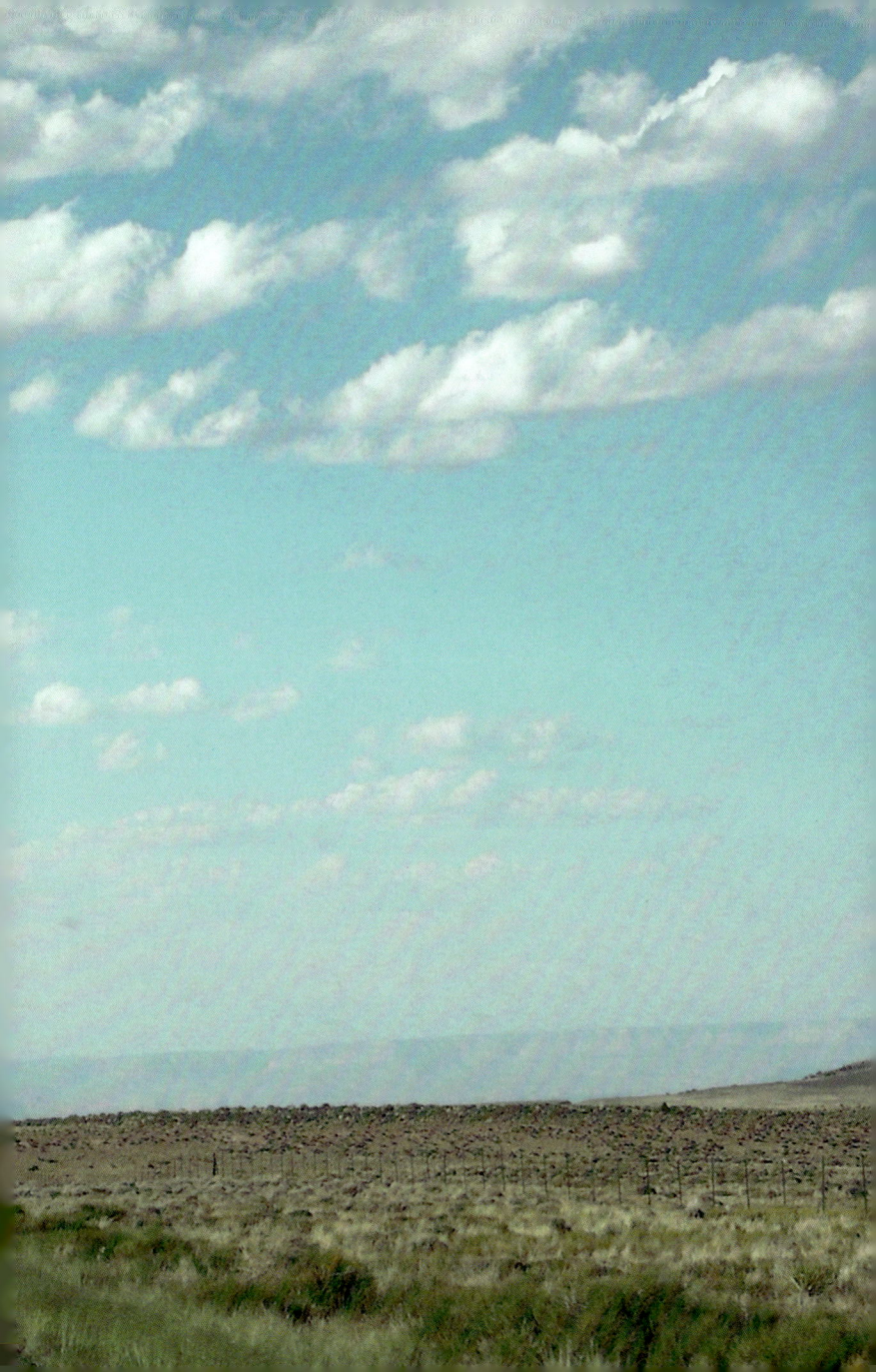

LOVE & FREE

Epilogue

家族４人で旅に出て、もうすぐ、２年になる。

妻のさやかと、息子の海と、娘の空と。
この２年間、ほぼ24時間。
互いに手の届くような範囲で共に暮らしながら、
何百回ものケンカを乗り越えながら、
愛変わらず、素晴らしい日々を送っている。

俺にとって、旅とは、どこに行くかではない。
誰と行くかだ。

もちろん、旅先で出逢う素晴らしい風景や人々との間で生まれる感動も少なくないが、やはり、今、想うのは、旅を通して、人と人がむきだしになってぶつかり、まじわることの尊さ。
旅の日々を通して、新しい妻、新しい息子、新しい娘、そして、新しい自分自身に出逢いながら、今、俺は、幸せに生きていくうえで大切なことを、いっぱい学んでいる気がする。

家族での世界一周も、これで、いよいよ、前半戦が終了だ。
今年の秋から始まる後半戦も、アジア、中東、ヨーロッパ、アフリカ…と、気の向くままに流れていく予定だ。

大切なものだけをポケットに入れて、
常に、新しい世界へダイブ！

それでは、また、世界のどこかで。
旅を続けよう。

高橋歩　2010 summer, on the road.

American Sew &
DRY CLEAN
E-350
SUPER DUTY

高橋歩作品集

A's WORKS 1995-2010

AYUMU TAKAHASHI'S WORKS / BOOKS&PRODUCTS

'95

HEAVEN'S DOOR　著：高橋 歩

発行・発売：サンクチュアリ出版　ISBN978-4-921132-53-8　定価：1260円(税込)

すべてはここから始まった。

高橋歩の処女作。 無一文の大学生だった高橋歩と仲間たちが、「自分の店を出したい!」という夢を追いかけ、借金だらけでアメリカンバー「ROCKWELL'S」をオープンし、2年間で4店舗に広げていくまでの物語を中心に、様々な体験談がまっすぐに綴られたエッセイ集。

'97

毎日が冒険　著：高橋 歩

発行・発売：サンクチュアリ出版　ISBN978-4-921132-07-1　定価：1365円(税込)

夢は逃げない。逃げるのはいつも自分だ。

無一文、未経験&コネなしから、「自分の店」を創り、「自分の出版社」まで創ってしまった冒険野郎・高橋歩25歳のときの自伝。笑って笑ってちょっぴり泣ける、ジェットコースター・エッセイ。

'99

SANCTUARY　著：高橋 歩・磯尾 克行

発行・発売：サンクチュアリ出版　ISBN978-4-921132-04-0　定価：1260円(税込)

夢を叶える旅に出ろ!

自分の自伝を出版するために、無一文から、仲間と共に平均年齢20歳の史上最年少出版社を立ち上げ、出版界に旋風を巻き起こした高橋歩、サンクチュアリ出版での3年間の軌跡。

'01

LOVE&FREE　文／写真：高橋 歩

発行・発売：サンクチュアリ出版　ISBN978-4-921132-05-7　定価：1365円(税込)

放浪しちゃえば?

「ドラゴンボール7つ揃ったら何したい?」「あゆむと世界一周かな?」。そんな妻との何気ない会話から始まった、高橋歩の「世界一周」という夢。妻とふたり、南極から北極まで気の向くままに数十カ国を旅して歩いた、約2年間の世界一周冒険旅行の記録。

'03

Adventure Life　著：高橋 歩

発行・発売：A-Works　ISBN978-4-902256-00-0　定価：1470円(税込)

愛する人と、自由な人生を。

30歳になった高橋歩の心の真ん中にあったのは「愛する人と、自由な人生を」という想いだった。"夢"と"冒険"に生きる自由人・高橋歩が、20代の集大成として綴った、10年間のライフストーリー&言葉集。

'03

人生の地図　編著：高橋 歩

発行・発売：A-Works　ISBN978-4-902256-01-7　定価：1470円（税込）

人生は旅だ。自分だけの地図を描こう。

たった1度の人生。限られた時間の中で、自由に、自分の好きなように、人生という名の旅を楽しむために・・・。「自分を知る」ということをテーマに、インスピレーション溢れる言葉と写真を詰め込んだ、高橋歩、渾身の作品。

'05

WORLD JOURNEY　編著：高橋 歩

発行・発売：A-Works　ISBN978-4-902256-04-8　定価：1470円（税込）

世界一周しちゃえば？

高橋歩の経験をベースに、多くの世界一周経験者や旅のスペシャリストの協力を得て創られた世界一周放浪ガイド。読んで楽しめる&旅先で超ツカえる、旅のバイブル。

'06

LOVE&FREE NY Edition　文／写真：高橋 歩

発行・発売：サンクチュアリ出版　ISBN978-4-86113-916-1　定価：2625円（税込）

放浪しちゃえば？

「ニューヨークでも出版社創っちゃおう!」ということで始まった海外出版の第一弾、『LOVE&FREE』バイリンガルバージョン。高橋歩が世界中で取りおろした写真を新たに加え、新しくデザインし直し、アート本として生まれ変わった1冊。

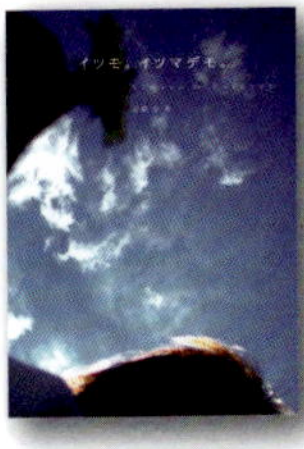

'06

イツモ。イツマデモ。　著：高橋 歩

発行・発売：A-Works　ISBN978-4-902256-06-2　定価：1470円（税込）

大切な人の存在が、人生という名の旅を、もっと自由にする。

高橋歩の真ん中に常に溢れている想い、それは身近な妻や家族や仲間へのLOVEだった。「大切な人を、大切に」。そんなシンプルなメッセージを短い文章と写真で表現した作品。

'06

自由への扉　著：高橋 歩

発行・発売：A-Works　ISBN978-4-902256-07-9　定価：1470円（税込）

僕らは、自由に生きるために生まれてきた。

この世界は素晴らしい。生きるって素晴らしい。そんな想いを込めて。
高橋歩が、自身の『自由への扉』を開くきっかけとなった様々な作品を交えながら綴った、人生という名の旅を楽しむための言葉&写真集。

'08

愛しあおう。旅にでよう。　著：高橋 歩

発行・発売：A-Works　ISBN978-4-902256-13-0　定価：1470円(税込)

飛び出すように、ひとり旅に出た。

さまざまな人々と出逢い、飲み、語りながら。
ときには、ひとりで、風に吹かれ、空を見上げながら。
旅をしながら刻んだ言葉と写真を綴った、愛と自由の旅ノート。

'09

ISLAND STORY ～終わらない夏の物語～　著：高橋 歩

発行・発売：A-Works　ISBN978-4-902256-17-8　定価：1470円(税込)

沖縄で、史上最強の楽園を創っちゃうか？

無一文&未経験から、仲間たちと共に、伝説の自給自足ビレッジを創った——
世界放浪の末に辿り着いた場所。
沖縄で過ごした8年間のストーリー。

'09

FREEDOM　著：高橋 歩

発行・発売：A-Works　ISBN978-4-902256-24-6　定価：1470円(税込)

自由であるために。自分であるために。

夢と冒険に生きる自由人・高橋歩が書き殴った、
21世紀のトムソーヤたちに捧ぐ、人生を変える115の言葉。
高橋歩初のベスト言葉集!

'10

地球を遊ぼう! DREAM TRIP GUIDE　編集：A-Works

発行・発売：A-Works　ISBN978-4-902256-27-7　定価：1575円(税込)

夢の旅に本当に行けちゃう! 究極の旅ガイドが誕生。

大自然アドベンチャーから、衝撃フェスティバルまで、自由人・高橋歩を始め、旅のプロや
現地ガイドたちのナマ情報を集めて作られた、地球を遊びつくすための完全ガイド!
地球は僕らの遊び場だ。さぁ、どこで遊ぼうか?

'10

7日間で人生を変える旅 7DAYS TRIP GUIDE　編集：A-Works

発行・発売：A-Works　ISBN978-4-902256-29-1　定価：1575円(税込)

脳みそがスパークする、極上の地球旅行26選。

限られた休日でも行けちゃう！
予算から交通手段、スケジュールまで、リアルでつかえる情報満載の旅ガイド！
この旅をきっかけに、人生が変わる。きっと、新しい何かに出逢える。

旅で使用したキャンピングカー（モーターホーム）

アメリカ、カナダ、アラスカ／総走行距離 32,640㎞
車種：「FORD MAJESTIC」
車長：25フィート（約7.6m）

【手配会社】 Travel Depot, Inc.
URL: http://www.motor-home.net/
TEL: 043-212-5620 / MAIL: mail@motor-home.net（日本語）

オーストラリア／総走行距離約 10,770㎞
車種：「MAUI Spirit 6」
車長：24フィート（約7.2m）

【手配会社】 Nature's Beat
URL: http://www.naturesbeat.jp/
MAIL: info@naturesbeat.jp（日本語）

いつもココロに青空を。青空はつながっている。

2010年9月6日　初版発行

文・写真　高橋歩

デザイン　高橋実
デザインアシスト　大津祐子
編集・制作　滝本洋平
A-Works Staff　二瓶明・小海もも子・伊知地亮

写真提供
nahoko（76p・78p・86p・90p）／中川宗典（176-177p・204p・210-213p）／ATUSHI NISHIJIMA（148p）

発行者　高橋歩

発行・発売　株式会社 A-Works
東京都世田谷区北沢2-33-5 下北沢TKSビル3階　〒155-0031
TEL：03-6683-8463　FAX：03-6683-8466
URL：http://www.a-works.gr.jp/　E-MAIL：info@a-works.gr.jp

営業　株式会社サンクチュアリ・パブリッシング
東京都渋谷区千駄ヶ谷2-38-1　〒151-0051
TEL：03-5775-5192　FAX：03-5775-5193

印刷・製本　大日本印刷株式会社

ISBN978-4-902256-30-7